金融街**10**号丛书
The Series of No.10 Financial Street

金融街 **10** 号丛书
The Series of No.10 Financial Street

金融风云录

（五）

中央国债登记结算有限责任公司 ◎ 主编

全 国 百 佳 图 书 出 版 单 位

时代出版传媒股份有限公司
安徽人民出版社

图书在版编目（CIP）数据

金融风云录（五）/ 中央国债登记结算有限责任公司 主编 . —— 合肥 : 安徽人民出版社 , 2022.3

（金融街 10 号丛书）

ISBN 978-7-212-09609-0

Ⅰ . ①金… Ⅱ . ①中… Ⅲ . ①金融市场—研究—中国 Ⅳ . ① F832.5

中国版本图书馆 CIP 数据核字 (2021) 第 222486 号

金融风云录（五）
JINRONG FENGYUNLU(WU)

中央国债登记结算有限责任公司　主编

出 版 人：杨迎会　　　　　　　　　　丛书策划：曾昭勇　白　明

责任编辑：李　芳　　　　　　　　　　责任印制：董　亮

装帧设计：张诚鑫

出版发行：时代出版传媒股份有限公司 http://www.press - mart.com

　　　　　安徽人民出版社 http://www.ahpeople.com

地　　址：合肥市政务文化新区翡翠路 1118 号出版传媒广场八楼　　邮编：230071

电　　话：0551-63533258　0551-63533259（传真）

印　　刷：安徽省人民印刷有限公司

开本：710mm × 1010mm　1/16　　印张：14.75　　　　字数：200 千

版次：2022 年 3 月第 1 版　　　　2022 年 3 月第 1 次印刷

ISBN 978 - 7 - 212 - 09609 - 0　　　　　　　　　　定价：36.00 元

上篇/宏观经济与政策

下篇/金融与债券市场

上篇／宏观经济与政策

HONGGUAN JINGJI
YU ZHENGCE

中国经济转型和稳健的货币政策

易纲

党的十九大和刚刚结束的中央经济工作会议有个非常重要的论述，就是中国特色社会主义进入了新时代，我国经济发展也进入了新时代，基本特征就是我国经济已由高速增长阶段转向高质量发展阶段。那么怎样理解我国经济已由高速增长阶段转向高质量发展阶段？为什么要健全货币政策和宏观审慎政策双支柱调控框架？如何防范金融风险？下面，我结合学习党的十九大报告，谈一些体会。

如何理解我国经济由高速增长阶段转向高质量发展阶段

我国经济总量已经非常大了，2017年可能达到12万亿美元，位居世界第二。在经济总量很大之后，经济增速会有所减缓。我们看到，消费对经济增长有着基础性作用，我国消费增长比较平稳，过去模仿型排浪式的消费阶段已经基本结束。同时，我们发挥投资对优化供给结构的

本文根据作者2017年12月23日在"中国经济年会（2017—2018）"上的发言整理而成。作者时任中国人民银行副行长。

关键性作用。过去依靠大规模投资拉动经济增长的模式已经不可持续，传统产业、房地产投资相对饱和，这几年的投资增长率在逐步下降，新技术、新产品、新业态、新商业模式领域的投资机会大量涌现，但这些新领域的资本密集程度低于传统产业。今年我国经济稳中向好，近年来首次出现增长加速，这中间消费起到了很好的支撑作用，国际经济和出口形势也比较好，但投资增长率只有7%多一点，所以整个经济越发依靠消费来拉动。

"绿水青山就是金山银山"的概念已经深入人心。过去靠持续消耗资源、牺牲生态环境的经济增长方式已经不可持续。现在中国很多地方，特别是人口稠密地方的环境承载能力已经达到或接近上限，有的地方甚至已经超过环境上限，难以再承担高消耗、粗放式的增长。这些都说明我们要坚定不移地转向高质量发展阶段。

再看劳动力状况。如果用16—60周岁这一年龄段的劳动力人口来分析，会发现从2012年起的连续五年，我国劳动力人口出现了净下降，劳动力人口在总人口中的占比下降。同时，劳动力成本也在上升。服务业在经济总量中的占比越来越高，已经超过50%，但服务业的劳动生产率增速比较慢。

此外，也不可能依靠大量出口来推动经济增长。加入WTO十几年来，中国在全球的出口份额逐年上升，已经几乎连续八年位居全球第一（2016年出口略有下降），在此基础上进一步提升出口份额的空间不大。并且，我们的目标是促进国际收支平衡，不追求大量顺差。

以上因素都说明，我国必须从高速增长阶段向高质量发展阶段转变。

党的十九大报告中提出"必须坚持质量第一、效率优先，以供给侧结构性改革为主线，推动经济发展质量变革、效益变革、动力变革，提高全要素生产率"。就是说，中国经济发展已经进入新常态，我们必须要转向高质量发展阶段。认识到这一点以后，我们看到其实稳健的货币政策与经济转向高质量发展阶段有着内在的联系。党的十九大对金融工作的部署主要包括两方面：一是增强金融服务实体经济的能力；另一个是健全货币政策和宏观审慎政策双支柱调控框架，深化利率和汇率市场化改革。健全金融监管体系，守住不发生系统性金融风险的底线。这些都是基于在高质量发展阶段必须坚持金融服务实体经济这一基本的出发点，要求金融要回归本源，包括要提高直接融资的比重。目前，我国直接融资的比重还不太高，特别是股权融资比重不太高。

健全货币政策和宏观审慎政策双支柱调控框架

健全货币政策和宏观审慎政策双支柱调控框架也是十九大报告的一个重要亮点。为什么要实行货币政策和宏观审慎政策的双支柱调控框架？这是金融危机之后全球经过反思研究得出的基本结论，而且中国在这方面的研究和实践也是走在前面的，包括实施宏观审慎评估（MPA）、针对跨境资本流动加强宏观审慎管理以及住房金融宏观审慎政策等。

在宏观调控方面，我们会思考一个问题，就是仅靠货币政策能否维持金融稳定？货币政策的主要目标是维持物价稳定并以此促进经济增长。在这样的货币政策目标下，要防范金融风险，保持金融稳定，还要有一个支柱就是宏观审慎支柱，这一点从2007年美国次贷危机和2008年雷曼危机的经验教训中可以看得很清楚。美国的案例说明，在2007年发生次贷危机之前的很多年，美国的各种物价指标包括CPI、PPI指

标都是稳定的，就业也是稳定的。如果货币政策只看物价、就业、GDP
这几个指标，那么美国的货币政策是没有问题的。但就是在这个过程
中，由于次贷、加杠杆，就逐步积累了问题和风险，到 2007 年爆发了次
贷危机，之后又演变为雷曼危机，进而引发全球金融危机。从这个案例
中可以看出，在考虑整体经济稳定和宏观金融问题时必须考虑宏观审
慎。宏观审慎的要点是要从经济全局和整体来考虑问题，要考虑逆周期
调节，要考虑跨市场的监管风险，要考虑到整体杠杆率，要考虑怎样在
经济的各个周期有个宏观审慎参数，使得企业、金融机构能够在经济周
期的不同阶段提前防范这种风险，从而预警并控制可能发生的问题。所
以，党的十九大报告提出"要建立和完善货币政策和宏观审慎政策双支
柱调控框架"，这一点非常重要。

　　稳健的货币政策要保持中性。大家看到，自 2017 年以来，我国广义
货币 M2 的增长率是放慢的，到 11 月末 M2 的增长率只有 9.1%。如果按
年度统计，这一增长率几乎是自从有 M2 统计指标以来最低的。但同时
也要看到，社会融资规模增长 12.5%，人民币贷款余额同比增长 13.3%，
整体金融体系支持实体经济的力度还是比较大的。但是为什么 M2 的增
长比较慢？世界各国的研究发现，随着经济发展，M2 同经济的相关性会
逐渐减弱，这就是世界上很多国家不把 M2 作为一个调控指标，而只是
作为统计指标，甚至一些国家将其作为比较次要的一个统计指标的原因。
2017 年我国 M2 增长率偏低一点是因为金融内部杠杆率下降，金融内部
的派生存款下降，或者说是商业银行对非标、对其他投资类产品的投资
下降。由于这种嵌套产品有所减少，使得金融机构之间相互派生的存款
有所下降，从而使得 M2 增长率下降，应该说这是一个正常现象。从整体

考量金融对实体经济支持力度来看，这是个合适的力度，因为要综合考虑社会融资规模增速、人民币贷款增速，以及稳杠杆或降杠杆的需要。

那么在这个过程中，可以看到价格调控越来越重要，货币政策要从直接调控向间接调控转变，从以数量型调控为主向以价格型调控为主转变。下面具体谈谈利率和汇率政策。最近，利率市场化在稳步推进。在我国的利率调控体系中，居于最中心的是央行的政策利率，央行要通过公开市场业务操作、存贷款基准利率、再贷款利率形成央行的利率体系，它直接作用和影响市场基准利率。到现在为止，在市场基准利率中，比如说7天回购利率和10年期国债利率等，这些市场基准利率的收益率曲线逐步形成，然后在此基础上形成市场的各类利率，比如信用债利率、其他各类债券利率、各类贷款利率、各类非标投资利率等。然后再由市场利率传导到货币政策想要调控的目标，比如说稳定物价、经济增长等。另一个重要政策就是汇率政策。今年以来，人民币汇率真正实现了双向浮动。过去人民币曾经有过升值压力，也有过贬值压力，但今年以来市场供求平衡，央行没有干预，由市场供求决定人民币汇率。今年以来，人民币对美元汇率升值大约5%，但是对一篮子货币基本上保持稳定。目前汇率水平为1美元兑换6.6元人民币。下一步还要进一步深化利率和汇率市场化改革。

在改革开放过程中要注重防范金融风险

党的十九大、中央经济工作会议都提出"推动形成全面开放新格局"，中国政府最近决定进一步开放金融业。在银行业方面，对外资投资中资银行的单一持股不超过20%、合计持股不超过25%的持股比例限制将会取消，将会实行内外资一致的银行业股权投资比例规定。在证券业方面，会对证券、基金、期货领域的外资投资比例放宽到51%，也就是控股的水平。在实施三年后，该投资比例将不再受限制。在保险业方面，三年后对人身保险公司的外资持股比例放宽至51%，五年以后这一投资比例将不受限制。所以说金融市场准入方面的对外开放是非常重大的开放举措。

再强调一点，在改革开放过程中要防范金融风险。习近平总书记深刻指出，要透过现象看本质。当前金融风险是经济和金融周期性因素、结构性因素和体制性因素叠加共振的必然结果。我们要看到金融风险与经济周期、结构性因素、体制性因素的联系。很多风险的积累最终都会反映为金融风险，比如经济周期有上升周期，也有下降周期，在上升周期不良资产都比较少，但在下降周期不良资产会上升。还要考虑结构性因素，比如现在面临新旧产能替换，面临去产能、去"僵尸企业"，这时候结构性矛盾必然会反映到金融领域。还有一些体制性因素，比如地方政府隐性负债问题就有一些是体制性的原因。这些因素叠加共振都反映到金融风险上。所以我们要坚定不移地把防范化解重大风险的攻坚战打好，要控制好总体杠杆率，坚持积极稳妥地去杠杆、稳杠杆。

首先是要稳杠杆。经初步测算，今年前三季度杠杆率的增幅是下降的，这个增幅比2012—2016年的杠杆率平均增幅下降了9.6个百分点。也就是说，今年前三季度的杠杆率虽然有所上涨，但也就只是微微上涨了一点，增幅比前几年大幅下降。

其次，要降杠杆。我们要坚定地执行稳健的货币政策，保持货币政策中性，把国有企业降杠杆作为重中之重，标本兼治，解决地方政府隐性负债问题。

再次，要坚决治理金融乱象，打击违法违规金融活动，加强薄弱环节的监管制度建设。要加强统一监管，对于功能相似的金融产品要按照统一的规则进行监管。要全面实施金融机构和业务的持牌经营，打击无照经营，对于超越范围的违法违规经营行为进行坚决打击。同时，对于综合经营和产融结合要严加规范，打击乱办金融，坚决打击违法集资非法活动。要继续加强对互联网金融的专项整治，强调金融的管理权主要是中央事权，在此前提下明确地方政府的责任，压实监管问责。这样，我们会有一个治理金融风险的全面而稳妥的方案。

最后，在房地产调控方面，坚持"房子是用来住的、不是用来炒的"的定位，因城施策，把房地产调控好。

下面对今天的发言做个总结。第一，要深刻理解我国经济由高速增长阶段转向高质量发展阶段，理解这个转向与稳健的货币政策、金融服务实体经济以及健全货币政策与宏观审慎政策双支柱调控框架的内在联系。第二，要高度重视金融风险，坚决打好防范风险的攻坚战，谨慎地做好稳妥方案，每一个环节都要做扎实。第三，金融风险总体可控，我们一定能够打赢这场攻坚战。第四，改革开放总体而言增强了中国经济和金融抗风险的能力，所以在防范金融风险过程中要坚持改革开放，加快提高中国金融业的竞争力和韧性。这是改革开放的成绩，也是我们体制机制建设的基础，更是我们能够打赢防风险攻坚战的坚实物质基础以及机构、市场得以健康发展的保障。中国经济有今天的质量和国际地位，依靠的是改革开放，我们会在防风险过程中坚持推进改革开放。

（本文原载于《债券》2018 年 1 月刊）

全球经济呈复苏态势
新时代中国发展更高层次开放型经济

朱光耀

党的十九大报告作出了"中国特色社会主义进入新时代"的重大判断，具有划时代的里程碑意义。新时代的一个重要特征就是中国日益走近世界舞台的中央，中国在全球经济中发挥着重大的、积极的促进作用。

2017 年全球经济呈现向好态势

对于当前全球经济形势，习近平主席 2017 年 11 月 10 日在出席越南岘港亚太经合组织（APEC）工商领导人峰会时作出了最权威的阐释。习近平主席在主旨演讲中指出："尽管仍然面临风险和不确定性，但全球贸易和投资回暖，金融市场预期向好，各方信心显著增强。"全球经济向好态势，主要反映在经济增长、投资增加、贸易改善及大宗商品包

本文根据作者 2017 年 11 月 22 日在"2017 新浪金麒麟论坛"上的发言整理而成，未经作者审核。作者时任财政部副部长。

括石油价格的上升方面。

2017年全球经济呈现令人鼓舞的向好态势。过去几年，国际货币基金组织（IMF）通常在年中多次下调对全球经济增长的年初预期，而今年IMF已分别于4月和10月两次各上调2017年全球经济增长预期0.1个百分点，终至3.6%。

2017年，中国在深化供给侧结构性改革、提高经济增长质量和效益的同时，经济保持了较高速度的增长，对全球经济增长做出突出贡献。截至目前，IMF在今年已四次上调对中国经济增长率的预期，最近一次是今年10月份，IMF将2017年中国经济增长率预期上调至6.8%，中国成为全球经济增长最快的主要经济体。这是在以习近平同志为核心的党中央坚强领导下，中国深化改革，特别是供给侧结构性改革，提高经济增长质量和效益所取得的重大成就。IMF预测，2017年亚洲地区整体对全球经济增长的贡献率将达到54%，而中国经济对全球经济增长的贡献率就将高达34.6%。伴随着同全球经济紧密交融、相互促进，中国经济增长对全球经济增长的贡献功不可没。

中国经济增长推动了全球经济增长，同时国际外部环境的改善也为中国经济进一步增长提供了良好的外部条件。

首先，全球主要经济体经济增长率普遍提高。IMF预计2017年美国经济增长率为2.2%，日本为1.5%，欧元区2.1%，其中德国达到2%。此外，令人欣喜的是，在经历了去年的经济负增长后，俄罗斯和巴西今年都将实现正增长。自2008年国际金融危机爆发以来，全球主要经济体在2017年首次实现共同增长。

其次，全球贸易有所改善。回顾过去几年，国际贸易增长率曾一直低于本已低位徘徊的全球经济增长。2017 年，这一状况发生改变。据世界贸易组织（WTO）最新预测，2017 年全球贸易增长率将达到 3.6%，同预计的全球经济增长率持平，这是近五年来首次出现可喜变化。

最后，大宗商品价格特别是石油价格出现了企稳向上的态势。最近石油价格基本稳定在 60 美元 / 桶上下的水平。石油价格的企稳向上，对原材料输出国特别是石油输出国有重大影响，对全球经济也有进一步的影响，这需要全方位分析。

2018 年需要密切关注的外部环境政策点

当前，全球经济还存在一些不稳定、不确定的因素。2018 年，需要对外部环境方面的以下三个重要政策点进行密切关注。

第一，美国的税制改革。特朗普政府将要实施的税制改革，可以说是自美国里根政府之后美国历史上最大幅度的税制改革。这一改革，就是要通过大量削减税率来刺激经济并提高竞争力。特朗普总统希望在今年圣诞节之前完成税改法案，目前美国政府内部仍在进行博弈，但是众议院已经通过了税改法案，此法案最终被通过的可能性极大。一旦通过，那么 1.4 万亿美元的税收减免将对美国税收产生怎样的影响？对美国的赤字平衡产生怎样的影响？对美国的竞争力产生怎样的影响？对国际资本市场又会产生什么样的影响？这些都需要密切关注。

第二，美联储的货币政策。2015 年底，美联储正式启动利率正常化进程。2016 年底，美联储再次提高联邦基金利率 0.25 个百分点。虽然美国联邦基金利率提高的速度很慢，但是这一进程在不断持续。今年美联储已经两次提高联邦基金利率，预计 12 月会第三次提高联邦基金利率。现在资本市场普遍预测，明年美联储会提高联邦基金利率 3~4 次。与此同时，美联储从今年 10 月份开始启动了资产负债表"缩表"进程。自 2008 年国际金融危机以来，美联储的资产负债规模已从危机前的 1.5 万亿美元上升到目前的 4.5 万亿美元，上涨了 3 万亿美元。在这种情况下，从今年 10 月份开始，美联储将每月削减 100 亿美元的债券持有水平，并且每 3 个月削减的数额将提高一倍。可以看出，美联储正在双管齐下，调整其货币政策。从提高联邦基金利率到削减资产负债表，这些政策措施对资本市场的外溢性影响值得高度关注。

第三，一些国家反经济全球化的倾向在加剧。在贸易救济措施滥用方面，有些国家忽视甚至全然不顾国际规则，这些都对以 WTO 为中心、以规则为基础的全球自由贸易体系形成了挑战。这对明年全球经济，特别是全球贸易将会产生怎样的影响，值得高度关注。

总之，我们要深入贯彻党的十九大精神，坚定不移地推进改革开放，发展更高层次开放型经济，以此来应对全球的挑战，把中国的经济发展得更好。

（本文原载于《债券》2017 年 12 月刊）

从高速度增长转变为高质量发展

——我国经济运行回顾与前瞻

尹中卿

主要成就及历史性变革

党的十八大以来，我国经济发展取得了举世瞩目的成就，圆满完成"十二五"收官，顺利实现"十三五"开局，5年来发生了重要的历史性变革。

（一）实力增强

GDP速度年均增长7.1%。经济总量从54万亿元跃升到逾82万亿元，占世界经济的比重达到15%，比5年前提高3.5个百分点，对世界经济增长的贡献率年均超过30%（2016年达到34.7%）。主要经济总量指标占世界的比重持续提高。

（二）结构优化

制造业优化升级加快推进，战略性新兴产业加快发展。两年累计退

本文作者时任全国人大财经委副主任委员。

出钢产能 1.5 亿吨，清理地条钢产能 1.4 亿吨，退出煤炭产能 5 亿吨。8000 多万农业转移人口成为城镇居民。单位 GDP 能耗累计下降 20% 以上。主要污染物排放总量继续明显减少，重点区域 $PM_{2.5}$ 平均浓度下降 30% 以上。森林面积增加 1.63 亿亩，森林蓄积量增加 19 亿立方米。

（三）动能转换

消费对经济增长贡献率提高 10 个百分点，达 64.5%。服务业增加值占比提高近 8 个百分点，达 58%。研发投入年均增长超过 11%。科技贡献率从 52% 提高到 56.2%。营改增累计减税 2 万亿元，小微企业税收优惠、清理各种收费累计减负 1 万亿元。债务置换累计 10.5 万亿元，为地方政府减轻利息负担 1.2 万亿元。平均每天新设企业 1.6 万户；至 2017 年底已有企业 9000 多万户，比 2012 年底增加 60% 以上，活跃度保持在 70% 左右。

（四）效益提升

劳动生产率和全要素生产率逐步提高，企业利润、财政收入、居民收入状况都比较好。财政收入增至 17 万亿元。居民人均可支配收入从 1.7 万元增至 2.6 万元。城镇新增就业累计增加 6500 万人。改造各类棚户区住房 2600 多万套、农村危房 1500 多万户。6600 万人脱贫，530 万人易地搬迁。

各项经济指标完成情况

在刚刚过去的 2017 年，我国供给侧结构性改革取得积极成效，经济增长新动力正在形成，经济发展质量和效益有所提高。

从经济运行看，2017 年国民经济和社会发展计划总表提出的 65 项指标，其中约束性指标 20 项，预期性指标 45 项。

（一）约束性指标完成情况

在 20 项约束性指标中，17 项完成全年目标，完成比较好的包括脱贫人口（1000 万人脱贫，340 万人易地搬迁）、棚户区改造、单位 GDP 能耗、主要污染物（二氧化硫、氮氧化物、化学需氧量、氨氮）排放总量。预计非化石能源占一次能源消费比重、地级及以上城市空气质量优良天数比率、地表水达到或好于Ⅲ类水体比例 3 项指标完成情况与全年目标存在差距。

存在差距的主要原因有多个。一是由于 2017 年特别是上半年来水情况较差，水电发电量增速低于往年，加之影响弃风、弃光的体制机制因素还没有得到有效改善，在工业回升带动下，火电发电量大幅增长，煤炭消费 4 年来首次转为正增长，因而非化石能源占一次能源消费比重指标低于全年目标 0.2 个百分点。二是由于 2017 年上半年受高温、强光照和火电发电增加导致的排放上升等因素影响，各地臭氧浓度上升，超标率大幅增加，拉低了优良天数比率，导致地级及以上城市空气质量优良天数比率低于全年目标 0.5 个百分点。三是由于 2017 年全国平均降水量同比减少 11.4%，加之实施国控断面环境质量监测采测分离改革后标准更加严格，因此，地表水达到或好于Ⅲ类水体比例指标低于全年目标，但依然有望顺利完成"十三五"规划目标。

（二）预期性指标完成情况

在 45 项预期性指标中，44 项运行情况符合或高于预期，超出预期比较多的包括 GDP 增速（6.9%）、就业（1351 万人，增加 37 万人，城镇登记失业率 4%）、物价（CPI 为 1.6%，回落 0.4 个百分点；PPI 为 6.3%，上升 7.7 个百分点）、财政收入（增长 7.4%）、货物进出口（增长 14.4%，创 6 年新高）、网上销售（27.6%，占比达 14.8%）等。

全社会固定资产投资指标运行值与预期值存在差距，主要原因在于：受投资回报率偏低、市场前景不明朗等因素影响，制造业投资和民间投资活力不强，企业不敢投、不愿投的现象依然存在；在规范地方政府举债融资行为等情况下，基础设施投资增速受到一定影响；加上房地产销售放缓影响房地产开发投资增速，全社会固定资产投资增幅低于预期目标。

从 GDP 增长速度看，2017 年国内生产总值预计达到 82.71 万亿元，同比增长 6.9%。其中，第一产业增长 3.9%，第二产业增长 6.1%，第三产业增长 8%。分季度看，一、二季度增长 6.9%，三、四季度增长 6.8%。GDP 实现 2010 年以来首次增长加速，下行压力有所缓解。

值得关注的苗头性变化

2017 年 2 月，我曾在一个论坛上分析了 2016 年经济运行出现的 5 个苗头性变化。

苗头 1：粮食生产在连续 12 年增长之后，第一次减产。2015 年，粮食总产量 12429 亿斤，比 2014 年增产 280 多亿斤，实现了历史上连续 12 年增产；2016 年，总产量 12325 亿斤，比 2015 年减产 104 亿斤。

苗头 2：在投资增速跌入 15 年最低点之际，民间投资第一次大幅度下滑。2015 年，全社会固定资产投资 56.2 万亿元，同比名义增长 9.8%，剔除价格因素增长 11.8%。2016 年，全社会固定资产投资 59.7 万亿元，同比名义增长 8.1%，剔除价格因素增长 8.8%。值得注意的是，民间投资仅增长 3.2%，增速降低 6.9 个百分点，比全部投资增速低 4.9 个百分点。民间投资占比下降至 61.2%，比 2015 年降低 3 个百分点。

苗头 3：在流动性连续近 20 年急剧增长条件下，广义货币与狭义货币第一次出现"剪刀差"。2015 年 12 月末，广义货币 139.2 万亿元；社会融资规模增量加上地方债置换增量约为 15.4 万亿元。2016 年 12 月末，广义货币 155 万亿元；社会融资规模增量 17.8 万亿元。在流动性宽松的同时又出现一个新现象：狭义货币（现金 + 企业活期存款）增速大大超过了广义货币（狭义货币 + 定期存款 + 居民储蓄存款和其他存款），导致了狭义货币与广义货币二者之间的"剪刀差"。2015 年 12 月末，广义货币增长 13.3%，狭义货币增长 15.2%；2016 年 12 月末，广义货币增长 11.3%，而狭义货币增长 21.4%。

苗头 4：在进出口连续 3 年下滑的情况下，对外投资第一次超过国内利用外资。2015 年，货物进出口下降 7%。2016 年，货物进出口下降 0.9%。2015 年我国实际利用外资 1356 亿美元，境外直接投资 1456 亿美元。2016 年我国实际利用外资增长 4.1%；非金融类对外直接投资 1701 亿美元，增长 44.1%。我国连续两年成为资本净输出国，非金融类对外直接投资超过国内吸收利用外资，这还不包括以个人名义在境外购买不动产，以及通过地下钱庄等非法途径和私自携带资金出去的。国内部分企业通过不规范运作，利用期限错配和加杠杆，把大量借到的国内短期资金投放到国外进行非理性投资投机。截至 2017 年 1 月底，我国外汇储备余额 2.998 万亿美元，连续 7 个月下降，跌破 3 万亿美元关口，创 2011 年 2 月以来新低。

苗头 5：在经济增速连续 7 年下行的同时，城乡居民收入增长速度第一次低于 GDP 增长速度。2015 年，全国居民人均可支配收入名义增长 8.9%，实际增长 7.4%。2016 年，全国居民人均可支配收入名义增长 8.4%，实际增长 6.3%。城乡居民人均可支配收入增长比 GDP 增速低 0.4 个百分点，其中城镇居民人均可支配收入增长低 1.2 个百分点，农村居民人均可支配收入实际增长低 0.5 个百分点。

值得高兴的是，经过 2017 年的努力，5 个苗头性变化中有 3 个已经扭转，没有成为趋势性变化。

扭转 1：在 2016 年粮食减产之后，2017 年又恢复增产，粮食总产量 12358 亿斤，增产 33 亿斤。

扭转 2：在进出口连续 3 年下滑、2015—2016 年对外投资超过国内利用外资之后，2017 年进出口恢复增长超出预料，实际利用外资 1260 亿美元，对外投资非常规增长受到抑制，非金融类对外直接投资 1200 亿美元，下降近 30%。外汇储备余额在政府加强以外汇流出真实性审核为主的管理措施之后，连续第 11 个月回升。截至 2017 年 12 月末，外汇储备规模为 3.14 万亿美元，全年增加 1294 亿美元。

扭转 3：在经济增速连续 7 年下行之后，2017 年 GDP 增速有望实现 2010 年以来首次加速，2017 年城乡居民收入增长 26017 元，实际增长 7.5%，恢复到高于 GDP 增长速度。

值得警惕的是，还有 2 个苗头性变化仍处于继续演进当中。

一是尽管民间投资增速有所提高，但全社会固定资产增速还在继续下滑，制约民间投资积极性的因素仍然存在，"玻璃门"和"弹簧门"、市场准入隐性障碍、投资成本高等阻碍民间投资增长的问题仍然存在。2017 年前 11 个月，全社会固定资产投资名义增长 7.2%。其中，民间投资增长从 2016 年的 3.2% 提高到 5.7%，但在整体投资中占比从 2016 年的 61.2% 继续下降为 60.5%。

二是尽管广义货币与狭义货币"剪刀差"有所缩小，但流动性膨胀依旧。2017 年，M2 增速从 11.3% 降至 8.2%。M1 增速从 21.4% 降至 11.8%。但是，截至 2017 年 12 月末，广义货币余额 167.68 万亿元，人民币贷款余额 120.13 万亿元，社会融资规模存量 170 多万亿元。

2018 年面临的任务

总的来看，2017 年经济运行好于预期，稳的基础更扎实，进的动能更有力，好的趋势更明显。但是，我们也需要清醒地认识到，稳中也有忧，进中也有难，好中也有一些隐患和风险。

从 2017 年经济运行和 2018 年经济发展面临的任务来看，我国经济发展还面临不平衡不充分的突出问题，主要表现在以下 5 个方面。

一是发展质量和效益还不高。减少存量的无效供给难度较大，淘汰落后产能任务依然艰巨，促进高质量有效供给增加的市场机制仍待健全。

二是创新能力不够强。基础研究、应用基础研究能力比较薄弱，特殊材料、关键零部件等"卡脖子"问题仍较突出。

三是实体经济水平有待提高。制度性交易成本仍然较高，原材料、物流等成本压力较大，民间投资、制造业投资增势疲弱。

四是民生领域还有不少短板。脱贫攻坚任务艰巨，城乡区域发展和收入分配差距依然较大，群众在教育、就业、社保、医疗、养老、居住、环境等方面还有一些令人不满意的地方。

五是风险隐患不可小视。由于前期刺激性经济政策力度过大，货币出现巨额扩张导致资产泡沫化、债务率快速上升，地方政府性债务积重难返，银行业等金融机构资产负债表快速膨胀，积累大量新的风险。"黑天鹅""灰犀牛"事件风险并存，社会治理等也面临新的挑战。

对于上述问题，各方面没有任何疑义。但如何看待这些问题？如何判断 2018 年经济走势？还是出现了比较大的分歧。

占多数的意见认为，2018 年中国经济还会在继续承压中下行，尽管 2017 年比 2016 年提高了 0.2 个百分点，但不能算作触底反弹。2018 年进入新旧动能转换加快、稳定性和可持续性增强、发展质量和效益改善的阶段，GDP 增长很可能呈现稳中趋缓、缓中向好的态势，用图形描述就是大 L 形底边加小 W 形波动。当然，这种小 W 形波动，是在 L 形底边新平台上的波动，短期看既不存在大幅下行的压力，也不具备明显走高的条件。

但也有一种声音，相信中国经济已经进入新的增长周期，尽管在中央大力去产能、去杠杆、严监管之下，2017 年 GDP 增速仍高于预期，只要加速改革，放松监管，依托创新驱动，激活民间投资，2018 年有可能在 2017 年基础上继续再往上走。

因此，如何安排 2018 年度 GDP 增长速度指标？出现 4 种主张：一是希望不要再提增长速度指标；二是建议维持 2017 年 6.5% 左右（争取最好结果）不变；三是建议比照 2016 年 6.5% ~ 7% 区间指标；四是希望确定为 7% 左右。我主张维持 2017 年 6.5% 左右不变，但可以去掉"争取最好结果"的要求。也就是说，实际执行中低于 6.5% 也没有关系。

对于 2018 年各项指标安排原则是：对 2017 年完成得比较好的指

标适当加码，对完成得比较勉强的指标维持不变，对完成得不够理想的指标适当微调并增加保障措施、加大工作力度，为全面完成"十三五"规划各项任务奠定扎实基础。

党的十九大报告提出，我国经济发展进入新时代，基本特征就是经济由高速增长阶段转向高质量发展阶段。推动经济实现高质量发展，是适应我国社会主要矛盾变化和全面建成小康社会、全面建设社会主义现代化国家的必然要求，是遵循经济规律发展的必然要求。

（本文原载于《债券》2018 年 2 月刊）

2018 年经济平稳运行中质量加快提升

连平

党的十九大报告作出"中国特色社会主义进入新时代""我国经济已由高速增长阶段转向高质量发展阶段"的判断。2018 年是贯彻党的十九大精神的开局之年,是实施"十三五"规划承上启下的关键一年。2018 年中国经济仍将保持平稳运行态势,质量提升步伐将会加快。

经济运行展望

（一）全球经济复苏持续推进

自 2016 年下半年以来,全球主要经济体增速加快。2017 年全球经济增速约为 3.4%,2018 年有望提升至 3.7% 左右。2018 年世界经济将继续保持整体性复苏态势,为中国对外贸易和投资提供了相对良好的外部环境。

本文作者时任交通银行首席经济学家。

　　发达国家经济增速有所加快，2017年经济增长2.1%左右，预计2018年将增长2.4%。美国经济总体保持复苏步伐。经济促进计划逐渐落地，经济复苏带动就业、收入和资产价格增长。政策松动促进消费信贷增长，消费支出可能加快，并带动消费者价格指数上升至2%以上。预计2017年美国经济增长2.3%左右，2018年将进一步加快至2.7%左右。美联储一方面提高联邦基金利率，2018年可能会有2～3次加息；另一方面削减联邦储备银行的资产负债表，其外溢效应对国际市场资本流动的影响会进一步深化。欧洲经济继续改善，但依然面临诸多考验。2017年欧洲经济增长势头好于预期，投资规模扩大，工业产品价格恢复性上涨，融资环境转好；消费价格指数逐渐上升，已无通缩担忧。预计2017年欧盟经济增长2.1%左右，2018年可能加快至2.3%左右。英国脱欧、难民危机等问题仍将影响欧洲发展。欧盟成员国发展不平衡，不同国家在经济增长、债务水平、就业状况、社会福利等方面差距较大，导致分歧和摩擦继续存在，拖累欧盟经济增长步伐。日本经济内需不足，2018年经济增速可能持平。

　　在全球经济复苏、需求回暖、贸易增长的带动下，新兴市场经济体经济增速加快，国际收支状况改善。技术进步和革新带来全球产业价值链重构，新兴市场国家大都经历产业结构调整。预计2017年发展中国家经济增长4.3%左右，2018年将加快至4.6%左右。全球贸易保护主义抬头，新兴经济体部分产品出口可能受到关税和非关税壁垒影响。美联储加息和美国减税引起美元走强预期，可能会加重新兴经济体货币贬值和资金流出压力。部分资本市场不完善、金融系统较脆弱、管控能力较低的新兴市场国家可能会出现局部的金融动荡。

（二）我国"三驾马车"呈现"一升一缓一稳"态势

2018 年我国"三驾马车"的运行可能出现"一升一缓一稳"态势，即出口增速回升、投资增速放缓、消费增速平稳。

金融去杠杆、企业去杠杆、金融协调监管政策收紧等因素都会影响我国固定资产投资的资金来源，使投资增速承压。加强融资平台公司管理，清查利用 PPP 项目、各类投资基金变相举债，可能制约我国地方政府的融资能力，影响基建投资。制造业投资在出口回暖影响下继续回升。制造业投资结构转型，未来制造业投资有望平稳，但增速难以显著上升。

全年房地产投资可能实现小幅正增长。2018 年棚改效力稍有减弱，而去库存政策逐渐退出可能对成交影响较大，商品房成交增速将继续下滑，或回落至 -10% ~ -5%。棚改货币化安置效应不褪色，2018 年棚改目标套数为 580 万套，棚改货币化安置比例将达到 65% 以上，带来 3 亿平方米以上的商品房销售。预计 2018 年销售增速下滑、金融监管加强和资金链不断收紧依然会对后续开发投资形成制约，而新开工和土地成交增速不低将使房地产投资增速不会大幅下滑，或许还能实现 5% 以内的正增长。新开工和推地的相对活跃使投资保有动能。2018 年租赁接棒棚改，热点地区地方政府还将加大推地，土地市场将保持相对活跃。在销售面积同比负增长、开发投资增速平缓下行的趋势下，上游开发对经济增长的拉动力或继续下降，下游与房地产相关的消费和贷款投放对经济总体呈负面影响。

在小排量汽车退税政策退出以及新能源汽车补贴减少等政策影响下，汽车消费增速会有所放缓。同时房地产市场继续受到政策严格调控，销售会继续下降，从而影响住房相关消费增速。而居民收入增长、消费升级及养老改革等政策又会对消费形成支撑，预计 2018 年消费全年增速在 10% 左右。

在世界经济持续复苏的带动下，出口增速会继续上升。全球几大主要贸易伙伴和新兴市场经济国家的改善将继续有利于中国出口的增长，预计 2018 年中国出口增速高于 2017 年，达到 10% 左右。

（三）通胀温和为经济运行提供良好的价格环境

2017 年 CPI 持续在 2% 以下运行，保持低通胀状态。未来经济增长总体上平稳，国内需求难以大幅上升；随着去杠杆、防风险和监管政策趋紧，市场利率小幅上行，流动性不会大幅释放，2018 年难以出现较大的通胀压力。食品和非食品价格走势分化，食品价格走弱，2017 年 2 月以来持续为负；而非食品价格逐渐上升，同比涨幅从 2016 年初的 1% 左右缓慢上涨至目前 2.5% 左右的水平。2018 年食品价格可能恢复性回正，猪肉价格迎来上行周期，成为推动 CPI 上升的主要因素。由于 2016 年以来工业领域产品价格显著上涨，从 2017 年下半年开始逐渐从上游向中游传导、从生产资料向生活资料传导，2018 年价格涨势可能会从生产端向消费端转移。

2017 年 PPI 涨势分化，生产资料价格波动大，生活资料运行平稳；上游行业价格涨幅大，中下游行业价格波动较小。在不出现外部冲击的情况下，大宗商品价格难以持续大幅上升，未来输入性因素对 PPI 的抬升作用减弱。在国内投资需求趋弱的情况下，2018 年工业产品价格上涨步伐将会放缓，PPI 难以重拾大幅攀升之势。前期价格上涨较大的上游产业难以进一步飙升走高，部分行业价格可能出现回调。价格涨势从上游向中下游传导，2018 年中游和下游行业产品价格可能有阶段性上行。由于去产能工作持续推进，环保限产力度加大，对产品价格形成支撑，钢铁、水泥等去产能力度较大的工业行业产品价格短期不会明显回落，涨势可能维持。

经测算，2018 年 CPI 翘尾因素月平均为 0.9% 左右，高于 2017 年，将呈现上半年高、下半年低的特点，高点出现在年中 6、7 月份。综合判断，2018 年 CPI 将上涨 2% 左右，高于 2017 年。预计 2018 年 PPI 翘尾因素月平均为 2.4%，显著低于 2017 年，高点出现在 1 月和 6—8 月。综合判断，2018 年 PPI 平均涨幅 3.5% 左右，低于 2017 年。CPI 和 PPI 之间的"剪刀差"逐渐收窄，物价水平较为温和。

（四）经济运行质量提升加快

随着消费超过投资成为拉动经济增长的主要动力，我国经济增速的季度波动幅度明显缩小，2015—2017 年经济增速的季度波动幅度维持在 0.1 个百分点上下，这种由动能转换和韧劲增强带来的稳态在 2018 年仍会维持。2018 年中国经济将平稳运行，增速可能略有放缓，预计全年经济增速为 6.7% 左右，高于年度增长目标。经济总量及增速难有波澜，但质量提升步伐加快。

一是经济动能的结构转变，消费持续超过投资。随着消费成为拉动经济增长的第一动力，在新消费、新零售等领域的变化中会蕴藏大量机会。2016 年中国数字经济规模居全球第二，同比增长 18.9%；大数据核心产业规模达到 168 亿元，同比增长 45%。2017 年，中国零售业线上线下高速融合，充分运用大数据、云计算、人工智能等新技术，消费升级持续推进。

二是第三产业增速持续超过第二产业。2014 年以来第三产业增速保持在 7.5% 以上，2017 年前三季度第三产业增加值为 31.4 万亿元，累计增长了 7.8%，占 GDP 的比重为 52.9%。经济增长动能从第二产业向第三产业转移，未来服务业增长将是一个新的机会。未来高质、高效、精准、创新型服务业可能会有较大的增长空间。

三是供给侧结构性改革导致产业内结构升级和行业集中度提升，带来效率提升和强者恒强效应。高技术行业增长较快，2017 年 1—10 月电子设备生产、仪器仪表生产、通用设备制造、医药制造产值增速分别为 13.8%、13.3%、10.9%、12%，都实现了两位数的较快增长。在部分产能过剩行业淘汰落后产能之后，具有成本及技术竞争优势的龙头企业市场份额得到提升，盈利能力增强带来新的投资机会。

四是数字经济和"互联网 +"快速发展，带来创新型和技术领先型企业的发展机会。党的十九大报告中提到了数字经济。从"互联网 +"到数字经济，是在行业发展方式、新技术应用、商业模式、市场交互等方面全维度的升级。因而，未来在包括大数据、人工智能技术创新和科技、技术引领等方面有创新能力的企业，会有较好的投资机会。

宏观政策展望

（一）房地产调控政策基调不变

未来一个时期房地产政策的走向与目标将高度体现党的十九大报告精神。将坚持"房子是用来住的、不是用来炒的定位"毫不动摇地写进党的十九大报告，彰显了中央让房屋回归居住本质、打击投资投机炒作的决心空前坚定。预计 2018 年"限购 + 限贷 + 限价 + 限售"四位一体的全面严控局面将延续,将针对土地拍卖、融资、中介、个贷等各环节的违规现象展开更为严厉的排查和整顿。其中限售作为 2017 年新进入公众视野的调控手段,将成为一项常态化工具。限售解禁时长大多是 2 ~ 3 年,短于自住购房的一般转让期限,因此对投资投机购房的打击指向直接。

党的十九大报告将租赁补充进住房供给体系,是对住房制度的一次重大革新,培育住房租赁市场必将作为下一阶段房地产长效机制建设和住房供给侧结构性改革的重中之重。九部委虽仅选取了 12 个城市作为住房租赁试点,但试点范围内外的一线和二线省会城市都在积极行动。更多城市将出台扶持政策,更多指标和配套措施将会细化。加大供地由软性要求上升为硬性指标。在住宅消化周期和土地供应面积直接挂钩的政策下,库存下降较快、处于低位的热点城市需要上调其供地计划。以"类 REITs"为主要形态的制度建设和市场培育步伐将加快,并可能同租赁住房建设结合起来作为一种融资和运营方式。保障房建设目标套数仅有微幅下调,货币化安置比例将继续提高。房地产税立法周期较长但仍很必要,短期试点推行的进程还有赖于决策层的态度。

(二)积极财政政策注重结构性调整

从经济运行总体状况来看,实现"十三五"年均增速 6.5% 以上目标的难度不大,未来不会加大财政政策稳增长的力度。2018 年经济增速可能略有放缓,财政政策也不宜收紧。抓好决胜全面建成小康社会的防范化解重大风险、精准脱贫、污染防治三大攻坚战,需要财政政策维持扩张态势。2018 年将延续积极的财政政策,重点是促进供给侧结构性改革和增强民生领域保障,推进减税降费和财税体制改革。预计

2018年财政赤字规模将与2017年持平，赤字率有所下降。2018年政策调控将以促转型、防风险、补短板为主，结构性调整特征更为明显。去杠杆和加强监管是重点，降低国有企业杠杆、规范地方融资、加大力度排查PPP项目、严查地方变相融资举债，守住不发生系统性金融风险的底线。因此，2018年财政政策对基建投资的支持力度可能略有减弱。

未来的经济政策将以提升经济增长质量和效益为主要目标。财政政策将支持重点行业发展，优化财政支出结构，提升财政资金使用效率。在支持基建项目建设的同时，财政资金将更多地用于结构转型关键领域和促进消费发展重点领域。财政资金转移支付力度加大，更好地服务于精准脱贫、污染防治的攻坚战。未来将加强乡村振兴战略的政策支持，加大力度促进中西部和农村地区发展，培育新的经济增长点。财政政策将有力地支持区域经济协调发展，加大铁路、公路、航空建设力度，把我国经济从中、东、西、南、北很好地串联起来，缩小中西部地区与沿海地区经济发展水平的差距。

我国将积极实施税制改革，进一步推进减税降费力度，减轻实体经济税费负担。在宏观税收上，逐渐降低间接税比重，增加直接税比重，增强税收弹性，提升税收对经济的调节能力。在税制设置上，进一步减少增值税分档，降低增值税率、企业所得税率和消费税率等，探索个人综合所得税改革。在降费措施上，兼并或取消名目繁杂的各类企业收费项目，征收环保税之后即可取消环境污染处罚收费，降低制度性交易成本、用地用能成本、融资成本、物流成本等综合成本。

（三）稳健货币政策将突出中性基调

从目前国内的形势来看，尽管实体经济运行韧性有所增强，但仍不是收紧货币政策的合理时机。考虑到当前"货币政策和宏观审慎政策双支柱调控框架"下货币政策和宏观审慎政策合理搭配的问题，如果货币政策宽松，不利于金融去杠杆进程推进；如果货币政策收紧，也可能增加金融体系流动性风险，有违审慎政策初衷。因此，货币政策将继续保持稳健中性的基调。未来央行在"货币政策和宏观审慎政策双支柱调控框架"推进金融去杠杆会兼顾宏观流动性水平保持整体适度。2018年 M2 调控目标将主要参考 2017 年底的实际增速。需要综合考量上调流动性工具操作利率的时机。由于当前公开市场和结构性工具较为丰富，准备金率结构调整正在实施，中性政策下准备金率整体调整的必要性下降。由于准备金率整体调整具有较强的市场信号，其使用会较为谨慎。

2018 年，主要受表外转表内、非标转标进一步推进的影响，贷款利率上升压力依然不小。信贷在全部社会融资中占据主导，贷款利率上升将加大实体经济融资成本上升压力，不利于经济平稳运行。为避免这种压力上升，监管上将引导金融机构适度增加信贷供应规模，以满足不断增长的贷款需求，特别是满足表外融资转向标准化贷款融资的需求。考虑到目前贷款定价仍以央行公布的基准利率为主，其调整对贷款市场利率的影响更为直接和迅速，未来存贷款基准利率上调将会较为谨慎。货币市场利率上行对贷款市场存在传导效应，为应对未来美国加息带来的汇率贬值和资本外流压力，国内公开市场操作利率可能上调，但为防止贷款利率过度上行，其调整将会审慎考虑，预计幅度不会过大。

（本文原载于《债券》2018 年 1 月刊）

亚洲数字革命：新的经济增长引擎

[德] 席睿德

　　数字化和自动化虽非新鲜事物，但近年来加速发展，人工智能、机器人技术、计算能力和密码学的进步及大数据的爆炸式增长所引发的新一轮创新，正在重塑全球经济。今天的技术进步与以往任何一个创新时期（如 20 世纪 80 年代个人计算机的普及和 90 年代互联网的兴起）相比，都更具多重性和重叠性，表现为协同增效作用和成果加速实现。数字化革命关乎所有经济部门和一切经济活动，具有深远的社会和经济影响。这些新技术具有通用性，拥有逐步改变全球经济、大幅提高生产率、从根本上改变人类生活和工作方式的潜力，在这一点上很像蒸汽机和电力。然而，历史表明此种惠益的显现可能具有延迟性——在显现之前，新技术和配套的创新环节须先行得到充分积累，而且应用这些技术和创新的资本投资须完全到位。同样，可能发生的严重扰乱和错位影响，也可能要随着时间的推移才能慢慢显露。因此，无论是与数字化有

　　本文作者时任国际货币基金组织驻华首席代表。

关的机遇，还是与之相关的挑战，很可能都还没有完全显现出来。

亚洲的数字格局

（一）亚洲一直走在数字化革命的前沿，但区域内部存在差异

一方面，在数字化各个领域的领军阵营中几乎都有亚洲国家；另一方面，有些经济体的数字化程度却严重落后。事实上，就数字技术的应用而言，亚洲区域经济体的分散度最高——考虑到亚洲经济体分属不同的收入层级，这一点并不令人惊讶。

尽管如此，亚洲经济体的数字化水平在任何收入组别中都领先于同组的其他地区经济体（见图1）。而且即便是相对贫穷的亚洲经济体，

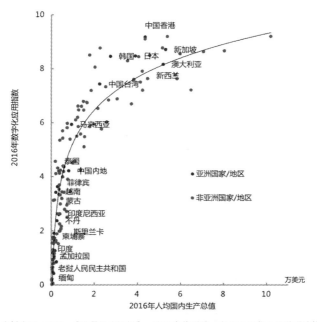

资料来源：IMF，《世界经济展望》；国际电信联盟；由 IMF 工作人员整理计算

图1 人均国内生产总值与数字化应用

其数字化步伐也在不断加速，如图 2 所示，若干亚洲经济体的数字化应用水平虽然现在偏低，但正在快速提升。

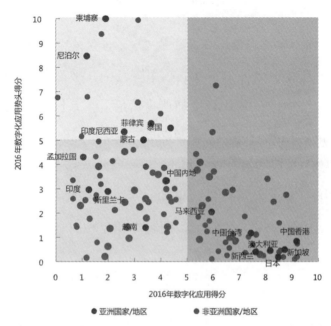

资料来源：IMF，《世界经济展望》；国际电信联盟；由 IMF 工作人员整理计算

图 2 数字化应用水平与势头

再从数字经济的具体组成部分来看，在工业机器人自动化领域，亚洲一些经济体显然处于前沿。工业化机器人几乎全部用于制造业，而亚洲又是"世界工厂"，因此，该地区的工业机器人使用量预计占全球总使用量的 2/3。自 2010 年以来，工业化机器人的使用量一直在加速增长：目前中国是最大的用户（约占市场总量的 30%）；2016 年，中国、日本和韩国三国的机器人使用量皆高于美国（见图 3）。在一些亚洲经济体中，机器人密度（每 1000 名工人对应的工业机器人数量）不仅高，而且还呈迅速上升之势（见图 4），这说明此类新技术在这些经济体内得到

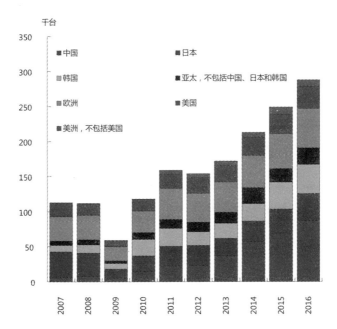

资料来源：国际机器人工程学联合会，2017；由 IMF 工作人员整理计算

图 3 全世界工业机器人分布情况

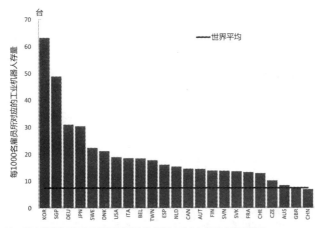

注：图中数据标签系采用国际标准化组织（ISO）国家／地区代码
资料来源：国际机器人工程学联合会，2017

图 4 2016 年制造业机器人密度

了快速而广泛的采用。其中，韩国和新加坡在机器人密度方面位居全球前两位。最后，亚洲不仅在机器人使用方面独领风骚，在机器人生产方面同样遥遥领先——日本和韩国是世界最大的两个生产国，所占市场份额分别为52%和12%。

（二）在金融科技和电子商务领域，亚洲同样居于领军地位

在金融科技领域，亚洲经济体取得了重大进展，而且在很多情况下实现了跃进，直接应用新型技术。例如，2016年中国个人购物消费移动支付总额高达7900亿美元，是美国个人购物消费移动支付规模的11倍。最后，不管是好事还是坏事，包括在首次公开募币（ICO）方面，亚洲一直是加密资产领域的领跑者。

在电子商务方面，大约十年前，中国在全球电子商务零售交易额中的占比还不到1%，如今这一比例已经增长到40%以上，而且中国的电子商务渗透率（占零售总额的比例）目前已经达到15%，而美国仅为10%。亚洲其他国家的电子商务渗透率虽然相对较低，但增长迅猛。例如，电商公司Lazada可为印度尼西亚、马来西亚、菲律宾、新加坡、泰国和越南的在线购物者提供数百万种商品。

数字化显著推动亚洲经济增长

（一）亚洲已从数字革命中获益匪浅

数字化技术的进步可能最终会显著促进生产力和国内生产总值增长，就像过去历次工业革命时期的情况那样。但技术进步的成效往往会滞后一些，不过事实上，亚洲已经从数字化中获益匪浅。全球创新扩散是过去二十年来驱动亚洲经济增长的主要引擎，其中仅数字化创新推

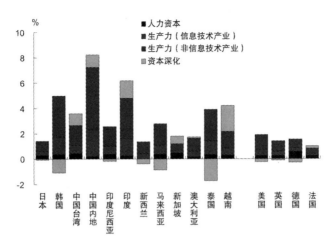

资料来源：由 IMF 工作人员整理计算

图 5　经济增长源（1995—2016 年）

动实现的人均增长就占 28% 左右（见图 5）。

　　在许多亚洲经济体国内生产总值中，数字化经济所占比重——其中最狭义的代替指标就是信息和通信技术（ICT）部门所占份额——相对较大。就信息和通信技术在国内生产总值中所占份额而言，全世界该比重最大的十个经济体中有七个是亚洲经济体。信息和通信技术部门的增长速度也一直远超整体国内生产总值的增长速度。其中，印度和泰国信息和通信技术部门的增长速度是整体国内生产总值的两倍，日本信息和通信技术部门的增长速度几乎是整体国内生产总值的四倍。数字化还可以促进非信息和通信技术部门生产率的提高。例如，中国数字化每增长 1%，国内生产总值就增长 0.3%。在亚洲，创新呈现向数字化部门倾斜之势，这进一步凸显出数字化在促进增长方面的潜力。

　　（二）电子商务是促增长的重要领域

　　电子商务具有为增长和经济再平衡提供支撑的潜力。对于消费者而言，电子商务意味着能够以更低的价格获得品类更加丰富的产品和服务，从而最终促进消费。麦肯锡（Dobbs等，2013）的一项研究表明，虽然中国60%的互联网支出来自从传统零售转向线上的消费，但其中近40%为增量（新）消费，换句话说，电子商务能够极大地增加总消费额。

对于公司而言，电子商务还可以提供新的商业机会，开启进入更大市场的机会，从而可以促进投资。IMF（2018d）的计量经济分析表明，亚洲企业层面超过30%的全要素生产率增幅及50%的出口增幅均得益于在线商务的参与。有趣的是，电子商务似乎对亚洲的小企业尤为有利。

数字化对就业负面影响甚微

数字化对劳动力市场是否存在负面影响？这是大家尤为关切和担心的问题。IMF（2018d）使用Acemoglu和Restrepo（2017）开创的方法，以亚洲、欧洲和美洲大量经济体为样本，分析了机器人的使用对制造业就业的影响。与一些观察者最担心的情况恰恰相反，该研究发现，没有任何证据表明机器人会明显损害就业，即工业机器人所带来的生产力提升（从而创造就业）效应几乎抵消了其给劳动力市场造成的错位效应（对旧的工作岗位的摧毁）。

然而，若单将目光聚焦亚洲则会发现，机器人对整体制造业就业存在轻微的不利影响（见图6），在电子和汽车等某些高度自动化的行业表现尤为明显。此外，IMF（2018d）还发现，受中等教育的工人比受初等教育或高等教育的工人更容易在劳动力市场上遭遇错位影响。然而，

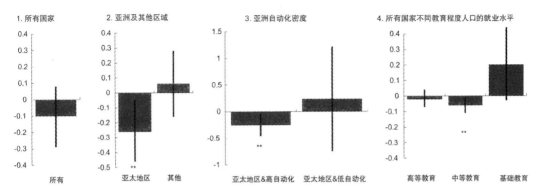

资料来源：国际机器人工程学联合会；世界投入产出数据库；国际劳工组织；由 IMF 工作人员整理计算

图 6 对制造业就业增长率的估计影响（单位：%）

注：本图系根据2010—2014年制造业就业增长率变化对每1000名雇员所应对机器人数量变化的回归模型绘制而成。分图1至3是基于40个国家14个制造业分部门绘制而成，分图4是基于按受教育程度细分的就业数据切实可查的国家绘制而成，中等教育是指工人受过高中和高中以上的非高等教育。条形图表示根据水平轴中每个指定组的估计系数计算得出的估计总效应。误差线表示95%置信区间，**表示p<0.05

有趣的是，在人口老龄化和劳动力人口减少的日本，制造业中机器人密度的增加不仅伴随着生产率的提升，而且还伴随着当地就业和工资的增长。日本经验表明，中国、韩国和泰国等未来将面临类似人口变化趋势的其他亚洲经济体也可能会从数字化中受益。

数字化对金融领域的影响利弊兼有

（一）金融科技可以为实现潜在增长提供支持

金融科技可以提升金融发展水平、包容性和效率，为实现潜在增长和减贫提供支持。金融科技可以利用手机普及率的提高，帮助数百万个人和中小型企业，特别是亚洲贫穷经济体内的个人和中小型企业，以负担得起的成本迅速获得金融服务，方式包括设计基于金融技术的小额贷款和开发方便使用的簿记和会计工具。

金融科技还可以带动金融部门提供更高效的跨境支付和汇款服

务，从而大幅提高效率，进而降低对手方风险并减轻市场参与者的成本负担。

（二）金融科技可能给金融部门带来风险

如果金融科技的应用方式损及竞争、货币政策传导、金融稳定和诚信、消费者和投资者保护，同样也会给金融部门带来风险。这些技术可能会破坏现有金融机构的业务模式，并导致相关活动向受监管部门之外转移。IMF（2018d）发现，在技术跨越式发展倾向更为突出的经济体，其传统金融基础设施，尤其是银行分支机构往往呈日渐下行之势。与身处迥异监管环境的美国科技公司不同，中国的阿里巴巴、腾讯、百度以及印度尼西亚的 GO-JEK 公司等亚洲科技巨头现已成为重要的金融服务提供商，给传统金融机构带来竞争压力。另外，加密资产可能会带来与洗钱、逃税、规避资本管制和其他形式非法活动相关的风险。随着金融系统走向数字化，网络风险将进一步加大。

数字时代的政策制定很关键

数字革命不可避免，能否最大程度扬其长而避其短则在一定程度上取决于政策。要发挥数字革命的潜力，必须采取全方位的政策并运用新思维。对政策制定者来说，要跨越的第一道障碍就是接受数字革命不可避免这一现实。政策应对措施务必要在推动数字创新与化解数字化相关风险之间保持适当平衡。

利用数字红利的政策包括：革新教育，以满足对更灵活的技能组合和终身学习的需求，开展新的培训，特别是面向受影响最严重的工人的新技能培训，降低工人与工作之间的技能不匹配程度；投资于可促进竞争和创新的实体基础设施和监管基础设施建设；积极应对劳动力市场和社会挑战，包括进行收入再分配和社会保障系统建设。

亚洲各经济体的初始条件存在差异，因此政策优先事项各不相同。但考虑到这些技术固有的全球影响力，区域和国际合作将是制定有效政策应对措施的关键。

减轻新技术对劳动力市场影响的政策还可起到改善福利之效。一个社会支持必要的转型、为落后群体提供支持的意愿越高，那么该社会适应创新步伐的速度就会越快，此时，新技术的成果能提高福利水平，让社会全体成员过上更加美好的生活。只要制定了正确的政策，数字革命就可以成为推动亚洲乃至世界经济增长和繁荣的新引擎。

注：

[1] Acemoglu, D., and P. Restrepo. 2017. Robots and Jobs: Evidence from US Labor Markets. NBER Working Paper No. 23285, National Bureau of Economic Research, Cambridge, MA.

[2] Dobbs, R., Y. Chen, G. Orr, J. Manyika, M. Chui, E. Chang. 2013. China's E-Tail Revolution: Online Shopping as a Catalyst for Growth. McKinsey Global Institute.

[3] International Monetary Fund (IMF). 2018d. The Digital Revolution in Asia: Disruptor or New Growth Engine (or Both)? Regional Economic Outlook: Asia and Pacific Background Paper No. 4.Washington, DC, October.

（本文原载于《债券》2018 年 11 月刊）

全球经济中长期趋势、结构与变局

陈卫东　钟红　王有鑫

未来三年全球经济增长加快但基础尚不稳固

（一）全球经济将继续稳健增长

全球经济在未来三年将继续稳健增长，预计年均增速在2.9%（市场汇率法）左右，高于2012—2017年2.7%的平均增速。发达经济体经济增速将保持基本稳定，未来三年年均增速约为1.8%，与之前五年相当。其中，欧洲和日本在超宽松货币政策和低融资环境利好下，贸易和投资超预期增长，未来宽松环境仍将持续，经济增长有望延续；未来三年美国经济将继续稳固增长，税改、基建投资等新政有望落地，可能出现经济增长高于趋势水平的状况。新兴经济体与发达经济体同步增长，以中国和印度为首的亚洲新兴市场发展势头强劲，预计未来三年年均增速为6.5%，成为拉动全球经济增长的重要引擎。随着实体经济复苏、外需改善、大宗商品价格逐步回暖，全球物价将缓慢提升，将改善

本文作者陈卫东时任中国银行国际金融研究所所长；钟红时任中国银行国际金融研究所副所长；王有鑫时任中国银行国际金融研究所研究员。

企业资产负债表,增加企业利润和现金流,对全球经济发展带来正反馈效应。

（二）全球贸易与投资将保持良好发展态势

进入 2017 年,全球经济出现周期性复苏迹象,发达经济体政策不确定性降低,全球贸易形势明显回暖。预计未来三年进出口增速都将维持 4% 左右水平,高于全球经济增速。贸易形势好转,主要是因为制造业提振全球经济,有力支撑贸易增长。国际金融危机以来,世界各国更加重视实体经济发展,并将制造业作为政策施力点。同时欧美复苏由分化走向一致,金融稳定性有所改善。区域贸易协定进展加速,各国的忧患意识使得谈判更具包容性与妥协性,加速了区域合作进程,有力地抵消了去全球化的冲击,引领全球化制度建设,这一趋势在未来发展中将体现得更加明显。与此同时,随着主要区域经济增长预期改善、贸易形势复苏和跨国企业利润回升,未来三年国际投资也有望呈现乐观态势。

（三）对于全球经济复苏形势不能盲目乐观

第一,全球经济依然处于"低增长、低通胀、低利率、低贸易"的新常态中,复苏基础并不稳固。面临重大风险,复苏步伐可能会停滞甚至倒退。如果说上一轮经济长周期是以全球化为标志,那么这一轮长周期似乎是以去全球化为标志,包括美国、欧元区、英国等地区都出现了贸易保护主义等倾向,加大了复苏的脆弱性。

第二,复苏并不全面,各国存在分化。中东、北非、撒哈拉以南非洲和拉美地区,大部分是大宗商品出口国,外部风险敞口暴露较大,容易受到外部环境变化的冲击。尤其是拉美地区,随着通胀大幅下行,将逐步进入货币政策宽松周期,与发达经济体货币政策走势相反,存在资本外流和汇率波动风险。

第三，全球全要素生产率持续下降。据世界大企业联合会测算，1996—2006年全球全要素生产率增速约为1%，到2007—2012年间降至0.5%左右，最近几年则在零左右徘徊。全要素生产率放缓不仅体现在发达国家，也包括发展中国家。在新一轮技术革命到来前，经济增长很难出现根本性改善。

2020年、2035年、2050年世界经济地域格局变化预测

从中长期看，各国经济的差异化发展将逐渐改变世界经济地域格局。

（一）18世纪以前，亚洲一直处于世界经济中心

从公元前5世纪到第一次工业革命开展的这2000多年间，中国经济总量一直领先全球。资料[1]显示，宋朝时期中国占世界经济总量的65%，其中北宋占80%，南宋占50%，是中国历史最富有的朝代。元朝时期中国经济总量占世界的30%～35%。到明朝及清朝中后期，尽管西欧走上了经济增长之旅，但中国经济在当时依然处于世界领先位置。比如，明朝时期中国经济总量占世界的45%，其中最辉煌的万历年间，经济总量达到世界总量的80%。清朝前期的大部分时间，中国经济总量占世界的35%左右，不过清朝后期经济大幅度衰退，侵略战争以及大量白银用于赔款并流向国外，造成国力迅速衰退，从康熙乾隆嘉庆期间的35%跌至10%。

（二）欧洲文艺复兴和工业革命，使世界经济重心逐渐向西方国家转移

从18世纪开始，随着欧洲文艺复兴运动的兴起和工业革命的开展，

欧洲在科学技术上有了飞跃性进步，机器的广泛运用，大大刺激了生产力发展，从而欧洲在军事、贸易上均取得重大进步。伴随着新大陆的发现和世界航路的改变，欧洲各国开始了海外扩张之路，荷兰、英国等欧洲国家先后称霸世界。美国凭借着良好的自然条件、社会制度和劳动力成本优势，在第二次工业革命后经济得到迅速发展。1872年美国经济规模超过英国成为世界第一，到1913年美国工业产值已经相当于英国、法国和德国三个国家之和。同期，清政府实施了长达一百多年的闭关锁国政策，错过了吸纳西方先进技术的机会，生产力大大落后，加之帝国主义侵华战争以及大量白银用于赔款而流向国外，清朝国力迅速衰落，世界经济重心逐渐向西方转移。

（三）当前世界经济重心开始东移，中国经济再次崛起

进入21世纪以来，中国等新兴市场国家快速发展，成为世界经济增长的最主要贡献者。1980年发达经济体占世界GDP份额高达76%，2016年降至61%；金砖五国占世界GDP比重由7%上升到22%，份额显著上升。在《2017—2018年全球竞争力报告》中，中国和印度市场规模分列全球前二，因此亚洲极有可能成为未来全球消费、生产和贸易中心。目前，中国GDP的世界占比为15%，印度为3%，并且这一比重还在不断上升。而美国和欧洲等国家受到经济危机、社会矛盾等影响，经济增长长期低迷，全球经济份额不断下降。

IMF提供了未来五年全球经济预测数据，可借此计算2020年世界各国经济份额变化；同时假定中国2021—2025年平均实际增速为6.3%，2026—2035年年均增速为5.6%，2036—2050年平均增速为3.5%，计算出2035年和2050年世界经济格局变化情况。预计到2020年，中国

经济将接近 15.6 万亿美元，人均 GDP 将超过 1 万美元，在全球经济中占比将升至 17% 左右（见表 1）；美国经济总量将接近 22 万亿美元，在全球占比降至 23%，人均 GDP 将达到 6.6 万美元。

表 1　1980—2050 年全球经济格局变迁情况（单位：10 亿美元、%）

	1980 年		2000 年		2020 年		2035 年		2050 年	
	GDP 总量	全球份额	GDP 总量	全球份额	GDP 总量	全球份额	GDP 总量	全球份额	GDP 总量	全球份额
中国	305	3	1215	4	15552	17	36399	24	60981	26
印度	189	2	477	1	3225	3	10884	7	12733	5
美国	2862	26	10285	30	21846	23	30407	20	31635	13
欧元区	–	–	6498	19	14480	15	18661	12	19223	8
日本	1091	10	4887	14	5280	6	5950	4	6025	3
英国	601	5	1639	5	2804	3	3699	2	3828	2
全球	11112	100	33823	100	93496	100	151554	100	250496	100

资料来源：IMF，中国银行国际金融研究所

预计到 2035 年，中国经济总量将超过美国位列全球第一，人均 GDP 有望超过 2 万美元。"一带一路"地区将成为全球经济新的增长极，在全球经济版图中的地位将大幅上升，沿线一体化程度将更加紧密，经济、金融、科技、人员和文化等领域交往将促进人民币区形成。

预计到 2050 年，中国将成为民主、文明、和谐、美丽的社会主义现代化强国，真正实现中华民族伟大复兴，国际地位首屈一指，GDP 总量和人均 GDP 都将位列世界前列，中国在国际金融体系中的地位将与中国 GDP 全球份额相匹配。"一带一路"沿线大部分国家，将受益于中国经济发展，经济增速长期保持在高位，经济稳定发展将带动政治平稳，地缘政治冲突将逐渐减少，世界将日益演变为更加和谐稳定的命运共同体。

2020 年、2035 年、2050 年全球产业布局的主要变化

与全球经济格局变化趋势一致，全球制造业布局和竞争力也将随时间推移而发生动态演变，主要发达国家与代表性发展中国家之间的技术差距将逐渐缩小。目前在世界产业格局中，处于产业价值链中心位置的国家主要是美国、德国和日本，处于产业价值链外围位置的国家主要是中国、印度等发展中国家。关注这些国家制造业的发展情况，可以了解世界产业布局的变化。

美国 2012 年提出"工业互联网"。希望将工业与互联网结合，升级关键的工业领域。通过智能机器间的连接最终将人机连接，结合软件和大数据分析，重构工业、激发生产力。在现实世界中，机器、设备和网络能更深层次与信息世界的大数据和分析连接在一起，带动工业革命和网络革命。在此项目引领下，美国成立多家制造业创新中心，这些中心涉及的相关技术和产业有望成为未来制造业的发展方向。到目前为止，美国通过人工智能、机器人、电子制造业等技术发展，"工业互联网"得以快速发展。同时，美国出台了一系列优惠政策对技术创新进行支持，确保美国制造业实现创新发展。

德国在 2013 年提出工业 4.0 时代概念。旨在通过利用信息通讯技术和网络空间虚拟系统相结合的手段，提升制造业的智能化水平，利用物联信息系统将生产中的供应、制造、销售信息数据化和智慧化。工业 4.0 项目主要包括三大主题，分别是智能工厂、智能生产和智能物流，生产智能化将在未来逐渐形成主流，尤其是在强大的机械制造、化工医

药等领域加成下，德国在制造业的领先地位将更加稳固。

尽管日本在科技人文领域仍保持较高竞争力，但其面临的人口老龄化问题愈加严重，大大限制了日本劳动生产率和研发创新的发展。目前日本人口老龄化率已超过26%，预计到2035年，将会突破30%，意味着每3个人中，就有一位65岁以上老人，这将严重阻碍日本的科技创新。在全球制造业份额减少的情况下，日本作为传统机械大国，核心机械订单持续下降，加之不断爆出的日本制造业丑闻，到2035年日本可能会退出世界制造大国核心阵营。

中国在2015年提出了《中国制造2025》计划。该计划是中国政府实施制造强国战略的第一个十年行动纲领，坚持"创新驱动，质量为先，绿色发展，结构优化，人才为本"；提出三步走战略：到2025年迈入制造强国行列；到2035年达到世界制造强国阵营中等水平；到新中国成立一百周年，综合实力进入世界制造强国前列。中国已经意识到科技革命和产业变革的重要性，与此同时，全球化与新技术的交汇，也是中国大力发展制造业的一个新契机。在该计划中，推进制造业由大变强，不仅要在消费品领域，更要在科技含量高的先进设备领域。中国近年来取得了科技制造业方面的重大突破，从"天宫号"到"蛟龙号"再到"复兴号"，这些高端装备向世界展现着中国的制造硬实力，也更加坚定了中国走科技制造、智能制造道路的信心。

印度拥有大量青壮年，没有人口老龄化的后顾之忧。印度相较于周边国家，在手机、生物制药等方面具有强大的成本优势，同时，印度纺织品在欧美市场份额逐年上升。相比于其他高科技设备制造，中低端制造业发展对于农业人口吸纳性更强，同时，城市化进程也将在制造业的发展下提速，"印度制造"正成为全球市场上的新兴力量。但是相对于目前全球化和新技术交织的时点，印度在资本和技术创新上无法和发达国家相比较，因此制造业的总体进程缓慢。凭借印度独特的优势，在2050年有可能跻身世界制造强国行列。

总之，如果按照迈入制造强国行列、达到制造强国阵营中等水平、进入制造强国前列三阶段划分，预计到2020年，处于制造强国前列的仍是德国、美国和日本等发达国家；但是到2035年，中国将达到制造强国阵营中等水平，到2050年，中国将更进一步，与美国、德国一起位列制造强国前列，同时印度可能会加入制造业强国行列。

注：

1. 参见田书华个人博客，《全球经济重心东移，中国成为世界经济重要的增长极》，2013，http://blog.sina.com.cn/s/blog_51bfd7ca0101e7fo.html。

（本文原载于《债券》2018年3月刊）

中国经济：新"三难选择"下的权衡

张明

国际经济学中有一个著名的"三元悖论"（Mundellian Trilemma）或"三难选择"（The Impossible Trinity），即在开放经济条件下，一个国家无法同时实现固定汇率制、资本自由流动与独立的货币政策。从中国经济近些年的发展来看，既需要保持独立的货币政策，也要维持人民币汇率的基本稳定，因此在过去一段时间内不得不实行较为严格的资本账户管制。当前，我国仍然需要保持独立的货币政策，同时出于经济发展考虑也要逐渐开放资本账户，这就意味着要显著增强人民币汇率弹性。

实际上，当前我国宏观经济还面临着一个新的"三难选择"：一是外部环境的不确定性，二是防控系统性金融风险，三是宏观经济实现稳增长。要实现上述预期目标，很不容易。

本文作者时任中国社会科学院世界经济与政治研究所研究员，平安证券首席经济学家。

我国宏观经济面临的形势

从近三年我国经济形势来看，2016 年下半年，我国外部环境显著改善，在此情况下，于 2016 年底 2017 年初出台了金融业去杠杆、防风险的相关举措，使得贸易部门对经济增长的贡献能够在一定程度上抵消金融业去杠杆、防风险可能对宏观经济形成的负面影响。也就是说，在外部环境确定性较强时，我们能够较好地实现防控系统性金融风险与宏观经济稳增长之间的平衡。

2016 年我国最终消费支出、资本形成总额与货物和服务净出口三引擎对 GDP 增长的贡献率分别为 4.3%、2.8% 与 −0.6%。而在 2017 年，上述三引擎对 GDP 的贡献率分别为 4.1%、2.2% 与 0.4%。由此可见，受到全球经济协同性复苏的拉动，我国贸易部门对经济增长的贡献在 2017 年提高了 1 个百分点，这完全弥补了金融防风险环境下投资对于经济增长贡献率的下降（仅仅 0.6 个百分点）。与 2016 年相比，2017 年消费对经济增长的贡献率也下降了 0.2 个百分点，最终使得 GDP 增速由 2016 年的 6.7% 上升至 2017 年的 6.9% 的主要因素是外部环境改善所带来的贸易部门的贡献。

然而，2018 年上半年，我国经济所面临的外部环境变得日趋复杂。一方面，全球经济协同复苏的格局未能得到维持，而是重新分化。例如，除美国之外，欧元区、英国、日本的经济增速均出现下滑。又如，受美元指数走强与投资者风险偏好下降的影响，阿根廷、俄罗斯、土耳其、巴西、南非等新兴市场经济体重新面临资本大量流出、本币剧烈贬值与资产价格显著下跌的冲击。另一方面，中美双方第一轮加征关税措施已经开始实施。考虑到中国对美国的贸易顺差占到中国整体贸易顺差的一半以上，未来可能显著压缩中国的贸易顺差。

在上述两方面因素的影响下，预计贸易部门对中国经济增长的贡献会再度由正转负，这不仅不能继续对冲防控系统性金融风险对经济可能带来的负面影响，反而可能形成贸易部门冲击经济与防控系统性金融风险冲击经济两者共振的格局，使得我国宏观经济在稳增长方面面临更加严峻的局面。

事实上，2018年上半年，我国最终消费支出、资本形成总额与货物和服务净出口三引擎对GDP增长的贡献率分别为5.3%、2.1%与-0.7%。2018年上半年GDP增速之所以能够稳定在6.8%，主要是消费的贡献与2017年相比提升了1.2个百分点。2018年1—6月，我国社会消费品零售总额同比增速（9.4%）要低于2017年同期水平（10.4%），笔者认为唯一能够解释消费对GDP贡献不降反升的，是居民对服务品的消费显著上升。然而，这一点还缺乏高频数据的验证。

近期，我们看到一系列高频金融数据显著下行。2018年7月M1与M2同比增速分别为5.1%与8.5%，显著低于2017年7月的15.3%与9.2%，以及2018年1月的15.0%与8.6%。此外，2018年2—7月，我国M1同比增速已经连续6个月低于M2同比增速。从历史经验来看，M1增速持续低于M2增速，通常意味着经济周期即将进入下行期。又如，受金融监管加强与影子银行资产回表影响，2018年5—7月，社会融资规模增量已经连续3个月显著低于人民币贷款增量，这意味着整个影子银行融资体系的坍塌，中小企业融资难融资贵的问题将会进一步加剧。

如果相关政策没有明显变化，那么 2018 年下半年中国经济运行形势将不容乐观。一方面，国际贸易环境很可能进一步压缩中国整体的贸易顺差，而中国出口增速的下降通常会带动制造业投资增速的下行；另一方面，强化地方政府债务管控将使基建投资增速加速下行，而对房地产市场的严调控也将使房地产投资增速逐渐下行。此外，在全国居民人均可支配收入增速没有显著上升、居民部门过去 10 年已经显著加杠杆的大背景下，预计消费对经济增长的贡献难以进一步大幅提升。因此，如果政策层面没有显著变化，预计我国 GDP 增速在 2018 年三季度可能会降至 6.5% 左右，而在四季度可能会进一步下降至 6.3% 上下。

近期宏观经济金融政策及市场的显著变化

面对这种不利的形势，从今年二季度起，尤其是自今年 7 月以来，我国在宏观经济金融政策上已经发生了显著变化，可以从以下四个层面来概括。

首先，从货币政策来看，主管部门在 2018 年 4 月、7 月实施了两次定向降准。2018 年 5 月，扩大了中期借贷便利（MLF）的担保品范围。在 2018 年 7 月国务院常务会议召开之后，又显著扩大了 MLF 的资金规模。此外，注重加强对市场的窗口指导，当市场出现较大波动时，主动发声来稳定市场预期，这说明主管部门在流动性操作方面变得更加积极，而这些积极、主动的应对措施也取得了较好的效果。

其次，从财政政策来看，由于上半年地方政府专项债的发行进度显著低于预期，从 2018 年 7 月起，我国加快了地方政府专项债的发债速度。

此外，地方融资平台在融资方面的约束明显松动，尤其是地方融资平台在建项目面临的融资约束更是显著下降。当前，在财政、货币等政策的协同作用下，新的定向宽松环境似乎已经成型。

再次，在金融监管方面，从今年二季度开始，金融监管的节奏已经明显放缓。从近期出台的《关于进一步规范金融机构资产管理业务指导意见有关事项的通知》以及理财业务监管细则（征求意见稿）来看，其严厉程度显著低于此前的市场预期。

最后，从外汇市场来看，近期人民币汇率出现了一定贬值。人民币兑美元汇率由 2018 年 5 月底的 6.4144 贬值至 2018 年 8 月 16 日的 6.8946，两个半月内贬值了近 7.5%。CFETS 人民币汇率指数则由 2018 年 6 月 15 日的 97.85 贬值至 2018 年 7 月 31 日的 92.41。人民币兑美元汇率以及 CFETS 人民币汇率指数出现"双贬"现象，这是自 2016 年年初引入 CFETS 人民币汇率指数之后首次出现。近期人民币汇率的贬值，一方面与美元指数持续走强有关，另一方面则与美联储持续收紧货币政策及我国今年二季度以来的货币环境有关。

上述政策调整以及市场的相关变化，意味着在外部环境不确定性显著增强的背景下，我国宏观调控政策的重心，似乎正在从防控系统性金融风险转向宏观经济稳增长。这种政策重心的调整，一方面的确有助于稳定 2018 年下半年的宏观经济增长；但另一方面，也可能会对前期防控系统性金融风险的努力产生一定影响。

笔者认为，货币政策本身是一种总量型政策，期待货币政策能够精准实现"调结构"的目标难度会很大。比如，当前一二线城市的房地产市场正在蠢蠢欲动。一二线城市房地产市场普遍缺乏库存，而刚需却持续存在，目前在政策层面还依赖于限购限贷措施来维持市场的大致稳定。如果市场流动性持续宽松，很容易使潜在的购房者形成房价继续上涨的预期，这可能会造成新一轮的上涨压力。例如，最近几个月北京二手房市场就呈现出明显的回暖特征。如果流动性过于宽松，那么2018年下半年一个很大的风险可能就是房价上涨压力重新由三四线城市传导回一二线城市。如果一二线城市房价出现新一轮上涨，那么当前系统性金融风险可能不降反升。

此外，地方政府债务快速攀升是系统性金融风险的另一个重要表现。根据笔者近期的估算，截至2017年底，如果把地方政府隐性债务（大约24万亿元人民币）统计在内，那么我国政府的整体债务水平将会达到56万亿元人民币，大约为GDP的67%，这也是我国从2016年年底开始大力整治地方政府债务问题的主要原因。2017年上半年，通过对PPP、地方融资平台举债的限制，地方政府债务水平已经基本企稳。但财政政策未来的放松很可能使得地方融资平台重新开始大规模举债，最终导致地方政府债务再度攀升，这正是新"三难选择"的核心所在。

破解新"三难选择"的相关建议

我们该如何破解新"三难选择"？笔者的核心建议是：第一，尽量避免外部环境继续恶化；第二，要坚定防控系统性金融风险的大方向不动摇；第三，出于稳增长目的的宏观政策要松紧适度，防止政策过度放松，建议在一定程度上，能够适度容忍较低的经济增长速度。

在具体建议方面，主要有以下几点：第一，在贸易问题上尽量避免与美国进行"以牙还牙"式的全面对抗，仍主要通过加快改革开放来应对外部环境的不确定性。一方面，我们要主动去团结欧洲国家、日本、澳大利亚等其他发达国家与新兴市场国家；另一方面，在与美国的谈判过程中，要注意方式与策略。第二，在政策导向上，要向市场明示，说明我们防控系统性金融风险的大方向不会动摇，目前的宏观政策与监管节奏调整仅仅是缓解去杠杆政策对经济增长及市场所带来的冲击，而非逆转去杠杆政策的方向。第三，继续坚持对房地产市场的调控不动摇，尽快通过在一二线城市扩大供给的方式来缓解房价上涨压力。第四，避免财政政策与货币政策的过度宽松。第五，建议通过加快国内经济结构性改革来改善经济增长效率、提升潜在经济增速以及增强市场主体的信心。

（本文原载于《债券》2018 年 9 月刊）

央地财政关系改革的理论解析

刘尚希

1994 年实施的分税制改革和后续相关改革，初步搭建起了适应社会主义市场经济体制要求的财政体制。进一步深化财政体制改革，处理好中央与地方财政关系问题，需要统筹推进财政事权、支出责任、收入划分和转移支付这四个核心环节的有序改革。其中，财政事权划分是这项改革的起点，支出责任划分是这项改革的基础。今年发布的《基本公共服务领域中中央与地方共同财政事权与支出责任划分改革方案》，是落实中央与地方财政事权与支出责任划分改革决策部署的重大举措，标志着我国财政事权和支出责任划分改革又迈出了重要一步。

共同财政事权的历史合理性和现实必要性

按照建立现代财政制度的要求，应根据外部性、信息处理复杂性及激励相容原则，合理划分中央与地方财政事权和支出责任。共同财政事

本文作者时任中国财政科学研究院院长。

权的存在，在我国有其历史合理性和现实必要性。

（一）财政体制变迁衍生出一系列共同财政事权

改革开放以来，中央与地方财政关系经历了从高度集中的统收统支到"分灶吃饭"、包干制，再到分税制财政体制的变化，财政事权和支出责任划分也随之发生变迁。在1994年分税制改革之前，中央地方财政收支划分频繁地调整。政府之间的事权与支出责任均是跟随机构、企业隶属关系变化而调整，"谁的孩子谁抱"，事权和支出责任划分相对清楚。

1994年实施分税制改革后，基于社会主义市场经济的财政体制初步确立。出于市场统一的需要，收入划分打破了按照企业隶属关系的传统，改为按照税种来划分。这样，既有独享税，也有共享税，而在共享税中，中央与地方你中有我、我中有你。与此同时，事权和支出责任划分也不再仅仅按照机构，还按照活动或事项。随着以活动为导向的事权和支出责任划分增多，中央与地方事权、支出责任划分也日渐体现为你中有我、我中有你。这种基于职能或活动的事权和支出责任划分，同时也产生了许多共同事权。

（二）中央制定政策、地方组织落实的治理格局形成了大量的共同财政事权

我国幅员辽阔，人口众多，各级各地情况千差万别，为保证重大方针政策的统一，做到全国一盘棋，维护中央权威，中央决定重大方针政策，地方按照中央精神因地制宜履行其职责，主要体现在执行上。对于因地制宜的事项，地方拥有一定范围内的决策权，以调动地方的积极性和主动性。与此相适应，我国财政事权划分把决策、执行、拿钱与监督

等环节分离开来，由不同层级政府承担。中央和地方的独立事权相对较少，共同事权较多，形成你中有我、我中有你的格局。

（三）区域发展不平衡也会形成大量共同财政事权

财政体制改革不能忽视我国区域间经济社会发展差距较大的现实。把大部分基本公共服务事权直接由中央来履行不现实。我国幅员辽阔，由中央向全体国民提供基本公共服务需要一个庞大的中央政府，几乎无法实施。但若把基本公共服务事权完全划归地方承担，区域财政能力差距会导致基本公共服务均等化的目标难以实现。

当前来看，基于机构的事权划分边界相对清晰，因而其支出责任划分相对容易。与之相比，当前中央、地方基于职能和活动的事权划分缺乏明确的规则，比较模糊，因此而形成的共同事权缺乏清晰的行为规则，与之相应的共担性支出责任划分成为当前改革中的难点问题。综合历史和现实情况看，这次发布的改革方案，从基本公共服务领域共同财政事权以及相应的支出责任划分入手，来深化财政事权与支出责任划分改革，是一个正确的选择。

底线公平是中央的责任

此次改革以与人最直接相关的教育、医疗卫生、社会保障等领域基本公共服务财政事权与支出责任划分为突破口，体现了中央关于兜住基本民生底线的要求。现代社会，个体要生存下来，需要基本的营养、基本的教育、基本的医疗卫生服务、基本的居住条件、公共安全及生态环境。公共安全属于政府的社会管理职能，生态环境属于政府的环境保护职能，前四项则属于政府公共服务职能，分别对应政府的低保与养老、基础教育、基本医疗、基本住房保障等事权。这几个"基本"是人得以生存的"底线"，这个底线的保障，也就是底线公平，也是最低限度的公平，是社会公平正义所不可或缺的。

由于我国幅员辽阔、区域差异较大，把涉及底线公平的事项作为地方财政事权，会受制于区域间财力的差异而不能实现；若作为中央财政事权，由中央全部兜底和直接履行，则存在巨大的操作性问题。因此，把与"底线公平"相关的财政事权作为中央与地方共同财政事权，由中央确定基础标准，中央与地方在基础标准之内根据区域财力状况差别化负担，是符合我国现实、可操作的低成本改革路径。

有关事项的中央支出责任履行情况更加清晰

支出责任是政府履行财政事权的支出义务和保障。中央与地方共同财政事权的共担性支出责任划分作为改革中的难点，在于中央、地方政府之间支出责任如何分担，中央、地方各承担多大比例。此次改革以财政事权清单的形式，明确了与人直接相关的主要基本公共服务中，中央与地方共同财政事权的基础标准及支出责任，在一般性转移支付下，设立共同财政事权分类分档转移支付，整合改革前一般性转移支付和专项转移支付中的基本公共服务共同财政事权事项，更加完整地反映了中央承担的基本公共服务支出责任。

突破区域财政的地理维度

现行中央与地方支出责任分担比例主要是按东、中、西地域划分的。但随着经济社会的发展与人口流动性的增强，经济活动越来越多元化、差异化，所呈现的特征与传统的行政隶属关系、行政区划的背离越来越明显。从人口分布看，东部省份常住外来人口占总人口比重最高的达40%以上，最低的为 -2% 以下；西部地区最高的为2%以上，最低的为 -22% 以下。即使从传统的东、中、西部来看，其内部的差异也很大。从人均财政收入来看，个别西部地区甚至超过了东部地区，东、中、西三地区内部也很不均衡。继续沿袭传统的划分方式，对于解决发展不平衡矛盾的局限性越来越大。

此次改革，突破了传统的财力分配格局，依据地区经济社会发展水平、实际财力等因素把全国分为五个档次，根据各档次的实际情况确定基本公共服务支出责任分担标准，并根据经济社会发展进行动态调整。这一突破，也为省以下转移支付制度改革提供了参照，对于建立权责清晰、财力协调、区域均衡的中央和地方财政关系，解决发展不平衡不充分问题意义重大。

促进财政管理的标准化、规范化

党的十九大强调，建立全面规范透明、标准科学、约束有力的预算制度。约束主要靠制度来实现，但规范透明、标准科学则不仅需要制度保障，也需要技术支撑。中央与地方财政关系的规范化与法治化是现代财政制度的重要组成部分，但法制一般是实践的总结，没有改革实践的推动，法治化也难以实现。此次改革在若干领域实现的突破，有助于完善财政管理的技术支撑，推动中央与地方财政关系的规范化与法治化。

（一）通过制定并适时调整国家基础标准，实现基本公共服务提供的标准化与预算管理的科学化

当前，我国区域间基本公共服务水平差异较大，且一定程度上存在基本公共服务预算编制准确性不足、预算执行存在滞后性等问题。主要原因在于基本公共服务预算管理标准不够明确。标准科学，是预算管理科学化、基本公共服务均等化的前提条件。此次改革提出，由中央制定和调整基本公共服务国家基础标准，保障人民群众基本生活和发展需要，并根据经济社会发展逐步提高，所需资金按中央确定的支出责任分担方式负担；地方在确保国家基础标准落实到位的前提下，因地制宜制定高于国家基础标准的地区标准，报上级备案后执行，所需资金自行负担。

这一改革思路，是我国构建财政支出标准体系迈出的关键一步。有了明确的标准，基本公共服务就可按标准提供，避免个别地区低水平提供或超越经济社会发展阶段的高水平提供；有了明确的标准，预算便可按标准管理，按标准测算需求，依标准编制预算，循标准执行预算。

（二）通过建设基本公共服务大数据平台，推动财政管理的科学化

此次改革提出，要建立规范的数据采集制度，统一数据标准，加快基本公共服务大数据平台建设，为测算分配转移支付资金、实现基本公共服务便利可及、落实各方责任提供技术支撑。

（三）通过分类分档明确支出责任及分担方式，促进中央与地方财政关系规范化、法治化

党的十九大把"坚持全面依法治国"作为十四条新时代坚持和发展中国特色社会主义的基本方略之一。党的十八届四中全会提出，要"推

进各级政府事权规范化、法律化，完善不同层级政府特别是中央和地方政府事权法律制度"。实现中央与地方财政事权法治化，是建设社会主义法治国家的重要组成部分。

此次改革，是我国中央与地方财政事权与支出责任划分改革迈出的重要一步，通过把主要基本公共服务确定为中央与地方共同财政事权，并分类分档明确支出责任与分担方式，在部分基本公共服务领域实现了中央与地方财政关系的规范化。遵循这一改革思路，再持续推进其他领域的财政事权与支出责任划分改革，并在改革中积累经验，把实践证明有效的制度上升为法律，是推进实现中央与地方财政关系法治化的可行路径。

（本文原载于《债券》2018 年 4 月刊）

中国地方政府债务：正在发生的未来

牛播坤

中国地方政府债务的功与过

中国地方政府债务是一个充满了巨大争议的问题，无论是对其规模估算、风险评估，还是处置途径，都有诸多不同甚至截然相反的看法。

与发达国家不同，谈及中国的地方政府隐性债务，不可忽视的是中国地方政府在经济增长中扮演的独特角色。中国地方政府的企业化运作是中国经济增长的重要解释之一，这与中央、地方在经济上的分税制安排及 GDP 激励机制密切相关。其中，最重要的方面就是中国地方政府在基建上的投入。基础设施的完善极大改善了中国的投资环境。关于基建对经济增长正外部性的学术和实证都比较充分。特别值得关注的是，中国具备全球少有的较为完整的产业体系，在中国的产业集聚中，地方政府发挥了至关重要的作用。以克鲁格曼等为代表的新经济地理

本文作者时任华创证券首席经济学家。

学派指出，产业集聚的重要因素有企业数量、人力资本、消费者购买力和交通运输条件。中国地方政府推动的招商引资、产业园区建设吸引了企业的集聚，人力资本的改善也来自于政府持续的教育资源投入，而产业配套和集聚能力与交通运输的改善更是密切相关。我们选取了两个

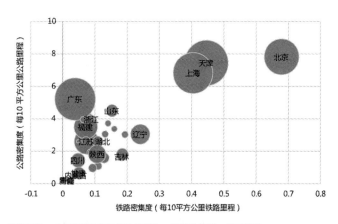

资料来源：《中国工业经济统计年鉴》、国家统计局、华创证券

图 1 2000 年电子及通讯设备制造业集聚情况（单位：公里）

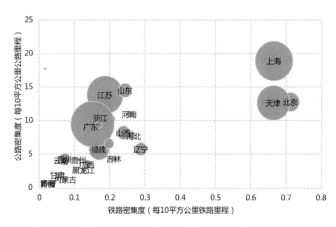

资料来源：《中国工业经济统计年鉴》、国家统计局、华创证券

图 2 2010 年电子及通讯设备制造业集聚情况（单位：公里）

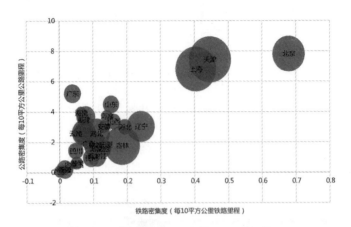

资料来源：《中国工业经济统计年鉴》、国家统计局、华创证券

图 3　2000 年交通运输装备制造业集聚情况（单位：公里）

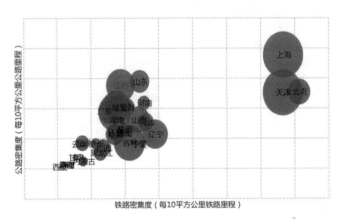

资料来源：《中国工业经济统计年鉴》、国家统计局、华创证券

图 4　2010 年运输装备制造业集聚情况（单位：公里）

行业，一个是出口导向的电子通信设备制造业，另一个是交通运输装备制造业，观察其区域产业集聚与铁路公路密度的关系，用气泡的大小来反映其产业聚集度，气泡越大，表明产业聚集水平越高。图 1 至图 4 显示，从 2000 年到 2010 年，除了北京以外，其他省份的产业聚集度与其交通条件正相关，广东、浙江和江苏的这种相关性尤为显著。

资料来源：IMF、华创证券

图 5 地方政府债务余额（单位：万亿元）

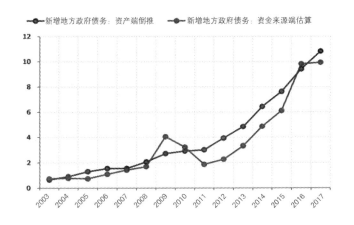

资料来源：华创证券

图 6 新增地方政府隐性债务规模估算（单位：万亿元）

当然，在基建上的巨大投入也形成了债务的快速增长，特别是隐性债务的增长，进而使得中国的宏观杠杆率较高。根据国际货币基金组织（IMF）的估算，截至 2017 年底中国地方政府隐性债务约为 24.8 万亿元（见图 5）。我们从资产端和资金端分别进行了估算，2015—2017 年新增的地方政府隐性债务约为 26 万亿元（见图 6），考虑到资产端形成的跨年度性，估计实际形成的隐性债务约为 30 万亿元。

从国际比较的角度来看，国际清算银行（BIS）统计，截至 2018 年一季度，中国政府部门杠杆率为 47.8%，显著低于发达国家（109%）甚至发展中国家（49.7%）的平均水平。但由于其统计口径仅包括核心债务工具——贷款、债券、货币和存款，因此该指标不能完全反映地方政府隐性债务状况。相对而言，IMF 涵盖了较为全面的政府债务，但即便考虑了隐性债务而采用 IMF 的数据，中国政府部门的杠杆率也并不是显著的高。如果按照我们估算的 30 万亿元隐性债务，中国政府部门的杠杆率为 70%，仍然显著低于发达国家 109% 的平均水平。

中国地方政府债务的真问题是什么

如上所述，尽管从 2009 年以来中国地方政府债务扩张加速，但从其绝对额和国际比较来看，高得并不显著。那么各方面对中国地方政府债务的担忧实质上反映的真问题是什么呢？

（一）扩张的隐蔽性、预算软约束及对金融秩序的扭曲

2009 年以来，地方政府通过各种影子银行体系的债务扩张不太透明，融资和资金使用过程缺乏有效的监督，形成了实际上的预算软约束。除了对公共财政资源的侵蚀，预算软约束对金融秩序的扭曲极为突出。基于微观数据的学术研究也发现，2009 年以来中国资源配置效率进一步恶化，而且与地方政府获得直接融资权密切相关。地方政府不仅将金融资源导入基建投资，也会导入与其有政治关联的企业，从而导致金融资源配置从私企向国企倾斜，从高效私企向低效私企倾斜，进而拖累经

济潜在增速，并导致宏观杠杆率的进一步攀升。今年以来，政策所指向的去地方政府和国企的杠杆之所以异化为对民营企业去杠杆，最终反而被动抬升民营企业的杠杆率，与地方政府债务扩张的扭曲密切相关。如果不从根本上将地方政府及其关联信用管住，每一次的紧缩必然以民营企业为代价。

（二）2012年以后债务形成的基建产出在快速下降

尽管基建在中国经济增长中发挥了很大的积极作用，但这一作用在2012年之前更为明显，此后其效率明显下滑。图7显示，2012年之后，基建投资占GDP比重不断攀升，但经济增速却持续走低。

资料来源：Wind、华创证券

图7 实际GDP增速与基建资本形成GDP占比（单位：%）

（三）2011年以后政府利息支出增速超过名义GDP增速

正是由于中国地方政府债务的隐蔽性，目前30万亿元的隐性债务通过债券市场发行的约为5.5万亿元，80%通过非公开市场融资，导致其融资成本偏高。从债务可持续性角度来看，2015年债务置换的核心

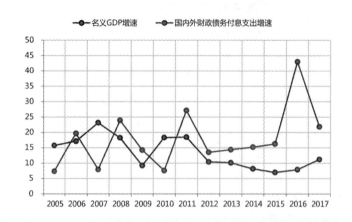

资料来源：财政部、Wind、华创证券

图 8　财政债务付息支出增速与名义 GDP 增速（单位：%）

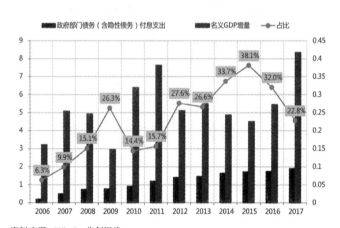

资料来源：Wind、华创证券

图 9　政府部门债务（含隐性债务）付息支出和名义 GDP 增量
　　　　（单位：万亿元）

就是降低融资成本。遗憾的是，2015 年依托 PPP、政府性基金的财政再扩张，导致财政纪律再次松弛，隐性债务再度回归高成本扩张之路。根据财政部披露的数据，财政用于国内外债务付息的支出（包括国债和地方政府债付息支出）增速自 2011 年开始持续高于名义 GDP 增速（见图

8）。我们测算了加入地方政府主要隐性债务（城投债、银行贷款、信托贷款、委托贷款）付息支出后的债务负担，自2012年开始政府部门债务付息支出占名义GDP增量的比重快速上行，实行债务置换后有所缓和。2017年政府债务付息支出达到1.9万亿元，已经占到名义GDP增量的22.8%（见图9）。

（四）地方政府债务扩张所推动的地方国企膨胀

今年以来，市场比较多地在讨论"国进民退"。事实上，如果进一步细分数据，可以看到"国进民退"突出地表现为地方国企的"进"。中国企业杠杆率主要高在地方国企。杠杆率从总量上来看的确并不是显著的高，但其问题在于地方政府及国企的债务高企。2009年之后，中国国有企业数量急剧增加，尽管国资委直管央企的数量在减少，基于地方政府信用扩张的地方国企的数量却是显著膨胀的。从2009年开始，地方国企的资产增速达25%左右，即便在2011年后有所下降，但明显高于央企和其自身的历史水平（见图10）。

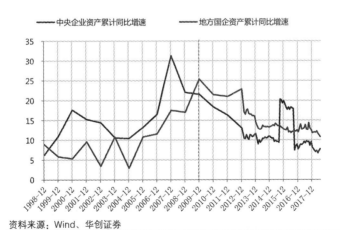

资料来源：Wind、华创证券

图10 央企与地方国企资产增速（单位：%）

正在发生的未来

2014 年 9 月，《国务院关于加强地方政府性债务管理的意见》（国发〔2014〕43 号）拉开了全国范围内整治地方政府性债务的序幕。此后，围绕着"修明渠，堵暗道"的基本原则，各部门陆续出台了多个文件推动地方政府性债务的管理和化解。然而，由于缺乏对地方政府的根本约束，PPP 等明渠再次成为暗道。真正转折性的变化发生在 2017 年 7 月的金融工作会议，会议明确了未来五年对财政纪律的严厉整肃，提出对地方政府债务终身追责、倒查责任，由此对中国地方政府隐性债务存量化解和增量变化都产生了深远影响。事实上，一系列影响在 2018 年已经初现端倪。

（一）基建增速的断崖式下滑

2018 年初至今，基建投资增速出现了前所未有的崩塌式下滑。截至 9 月，基建投资名义增速（含水电）已降至 1.36%（见图 11），2017

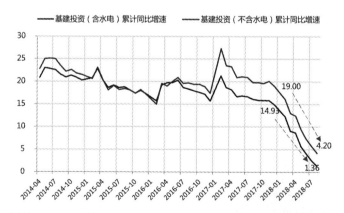

资料来源：Wind、华创证券

图 11 大口径和小口径基建增速（单位：%）

年全年是 14.9%。考虑价格因素后，实际增速已经为负。这是地方政府的预算约束重新被关进笼子带来的短期阵痛，但同时也意味着中国的基建增速将告别 2009 年以来两位数的增长，未来将进入个位数增长的新常态。

（二）未来 5 ~ 10 年可能会看到更多"国退民进"的发生

2018 年 8 月，两个与地方政府性债务相关具有突破意义的文件下发各地，即《中共中央国务院关于防范化解地方政府隐性债务风险的意见》（中发〔2018〕27 号）和《地方政府隐性债务问责办法》（中办发〔2018〕46 号），要求地方政府在 5 ~ 10 年内化解其隐性债务，并对 2017 年 7 月中央金融工作会议上提出的隐性债务终身问责倒查责任进行了全面落地，在对应的处置方案中提出可以妥善处置存量资产。债务问责之剑的高悬将倒逼地方政府出让部分运营低效的经营性资产。我们在一些地方公布的隐性债务处置方案中，已经看到计划通过处置资产来偿还债务（见表 1）。

表 1 地方公布的隐性债务处置方案

文件	目标	具体措施
《关于印发华龙区化解隐性债务风险实施方案的通知》	2018—2022年计划化解隐性债务总额为17.75亿元，其中：2018年化解5.2亿元，2019年化解3.22亿元，2020年化解4.77亿元，2021年化解2.01亿元，2022年化解2.55亿元	1.严控基本支出和建设支出 2.加速推进融资平台公司的市场化改革、股权化改革，将原平台公司政府债务转化为企业债务而带走一批 3.将政府和所属部门拥有的部分经营性资产、行政事业单位资产等，按照法律程序资产处置一批
《范县人民政府办公室关于印发化解存量政府隐性债务风险》	截至2018年3月底，范县政府债务总额34.05亿元，其中：限额内债务929亿元，未超出省财政厅核定的1677亿元限额；限额外隐性债务2476亿元。2018年底范县本级政府债务风险化解目标是：债务余额控制在16.77亿元以内	1.狠抓财政收入，全力保障偿债资金来源 2.统筹预算安排，新增财力和盘活的存量资金优先安排于清偿到期债务 3.严格控制政府购买服务实施范围，强化预算约束，坚持先有预算、后购买服务 4.加强源头管控，各部门、企业实施项目时，必须先明确投资项目资金来源

资料来源：华创证券整理

（三）提升基建和财政资金的使用效率

中国宏观杠杆率的攀升与基建投资占 GDP 比重的提高密切相关，这表明基建的投资效率有待提升。中国目前基建效率在空间布局上存在着较大的改进空间。西部地区基建投资过剩集中体现在传统的"铁公基"上。以公路和铁路为例，截至 2014 年，西部地区每万人公路里程 48.7 公里，高于中部地区的 33.9 公里和东部地区的 21.5 公里；西部地区 1.18 公里的每万人铁路运营里程也高于东、中部地区。铁路和公路的运营里程存在明显与经济发展水平倒挂的现象，这反映的是政策面意图通过西部大开发等战略将基建投资等向西部地区倾斜，以缩小中国的区域差距乃至寻找新的经济增长极。大规模的基建投入的确改善了西部原本较为落后的基础设施现状，也是西部地区经济保持相对高增的重要推动力，但持续攀升的基础设施存量与 GDP 之比（见图 12）表明西部地区基建增速或已超过与经济增速相适宜的水平。西部地区基础设施资本存量在总体过剩的同时，城市公共设施建设相比东部地

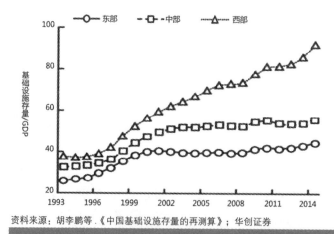

资料来源：胡李鹏等．《中国基础设施存量的再测算》；华创证券

图 12 分区域基础设施存量与 GDP 之比（单位：%）

区明显不足，其人均城市道路长度、人均城市供水量和人均公共交通车辆等公共设施指标都低于东部地区。为此在当前的基建补短板中，西部地区应将更多资源转向污水处理、城市管廊、城市公共交通等与公共设施相关的政府类项目。同时，全国层面应适度调整基建资源过度向西部地区集中的现状。

（四）构建更具可持续性的地方政府激励约束机制

如前所述，地方政府债务形成背后的推手是以 GDP 为导向的考核机制。事实上，地方政府财权和事权不匹配在很大程度上也与此相关。GDP 的考核导向极大拓展了地方政府本应承担的事权范围。因此，如果要从根本上约束地方政府债务的扩张，除了财权和事权匹配，核心是在取消 GDP 竞赛后，如何形成更为持续的对地方政府的科学激励机制。党的十九大提出了高质量发展目标，相应的地方政府激励机制也摒弃了 GDP 的单一考核目标，预计未来的高质量发展指标体系将是一个囊括环保、增长质量、收入分配等多方面的综合指标。这将引导地方政府适度调整其增长冲动，相应地，债务增长将从根本上得到控制。当然，与此同时，由于地方政府还承担着部分基本公共服务的职能，基于城镇化及人口老龄化的发展，地方政府在公共服务均等化上的支出将只增不减，其融资需求仍然现实存在。因此，开大地方政府一般债和专项债的正门，彻底堵上高成本难以监管的融资后门，是解决地方政府增量债务的有效出路。

（本文原载于《债券》2018 年 11 月刊）

高质量发展的战略意义及策略建议

陈文玲

当前世界处在一个十字路口，到底是开放还是封闭，是前进还是后退，是单边还是多边，是霸道还是王道，是把一个国家的利益凌驾于其他国家利益和全球利益之上，还是构建人类命运共同体，各个国家在谋求人类更加美好未来中携手共商、共建、共享？这是两条道路的问题，两个方向的问题。到底向哪个方向转变，决定了中国的未来，决定了中美关系的未来，也决定了世界的未来。所以，在当前非常关键的时期，我们研究中国高质量发展，毫无疑问具有重大战略价值和意义。

高质量发展在当前的特殊意义

（一）高质量发展是大国博弈的需要

当前，大国之间的竞争与博弈日益激烈。从全球看，现在其他大国已不再采取跟随策略，而是力求把本国做大做强。自冷战结束之后，

本文作者系中国著名经济学家、中国国际经济交流中心总经济师。

国际格局已从开始的两个超级大国，演变到现在的威权主义和大国博弈日益激烈的合纵连横阶段。国际政治、经济、文化、外交、军事格局都发生着深刻变化和调整。尤其是中美之间的关系，不仅中国人民关注，美国人民关注，全世界人民都在关注。未来国家之间竞争博弈的核心是什么？是一个国家有没有硬实力，有没有硬科技，有没有软硬结合代表一个国家高质量发展的战略较量。

目前，美国已向许多国家发起了贸易战。欧盟、加拿大、墨西哥、印度等都对美国发起了反制措施。虽说在此过程中中美双方进行了谈判，但是谈判过程很艰巨。未来中美之间的竞争一定是两国高质量发展的竞争、核心技术的竞争、制造业水平的竞争。高质量发展是中国从长周期看应对美国对华战略转向的根本之策。没有高质量的发展，只谈贸易顺差和逆差，最终解决不了问题。贸易在本质上是买卖问题，是商品交易问题，美国从中国进口是因为美国市场存在对中国商品的需求，这是跨国界市场行为即国际贸易行为。目前，中美之间的进出口贸易总额为6000多亿美元。从总体上看，中国对美国出口的大多是产业链中低端产品，所输出商品的价值与应该获得的价值是不对等的。党的十九大报告中提出，我国经济已由高速增长阶段转向高质量发展阶段。我认为这个转变是中国未来立于不败之地的一个根本性转变。

（二）高质量发展才能适应世界第五轮制造业产业转移

由于中国的劳动力成本、土地成本、资源环境成本上升，近年来制造业已从中国一些地区加快向东南亚、南亚、非洲、北美、南美地区转移。今年1—4月，中国出口顺差减少了24%，5月减少了27%，上半年贸易首次出现逆差205亿美元，这说明新一轮产业转移的速度非常快。

美国和日本的服装鞋帽制造商来自于中国的已经寥寥无几，大多变成了印度尼西亚、马来西亚、菲律宾、孟加拉、越南等国家，这些都是承接第五轮产业转移的新兴市场国家。在这种情况下，中国必须坚持高质量发展，产业必须加快向中高端迈进，与这些国家形成产业分工上的错位发展，这样才有利于经济可持续发展。要使中国在全球新一轮产业转移中立于不败之地，就必须具备第五轮产业转移中的产业接续能力，形成更可持续的高质量发展的产业竞争力。

（三）真正实现高质量发展才能满足人民日益增长的美好生活需要

现在跨境电商已成为采购全球品牌产品的一条渠道。从中国对日本的进口量来看，排在第一位的是药品，而这些药品中有很多汉方药是来自于中国的中药。中国是 5000 年的文明古国，制造业有着 1800 年的辉煌史，中国的产品曾经是世界性的收藏品，就是可增值的财富。而现在很多产品都需要通过跨境电商从境外采购，国外的海外仓、海外代购也因此成为很大的产业。满足人民日益增长的美好生活需要，体现在我们吃穿住行的各个方面，而让外溢消费回流的途径，就是加快实现高质量发展，创造优质商品的有效供给。

（四）高质量发展是建成社会主义现代化强国的需要

根据党的十九大报告，我们的奋斗目标是到 2035 年基本实现社会主义现代化，到 2050 年把我国建成富强民主文明和谐美丽的社会主义现代化强国。强国并不是指我国目前的经济总量居世界第二，贸易总量居第一，制造业产值占比居世界第一，而是要按照人均发展水平进入世界一流水平。以此来衡量，中国各方面的差距都存在，高质量发展成为新时代的首要任务，也是最终建成社会主义现代化强国的题中之义。

（五）塑造大国形象需要高质量发展

在国际市场上，中国商品曾经在改革开放之初很长一段时间被认为是"地摊货"，后来商品质量有所提高，但很多商品都是贴牌生产，通过委托加工形式先出口到境外，之后又可能被进口到国内。现在国内商品质量和价格都有所上升，但供给质量和服务水平还有待提升。随着国内需求日益多元化、品质化、个性化，中国人在国外旅游购物增多，需求外溢明显，在国外购物过程中往往一掷千金，非常豪放，但实际上这些消费支出往往是购物者预支自己多年的储蓄实现的，是由于国内优质商品供给不足造成的。要重塑大国形象，必须要有好的产品，有让世界称赞的高质量市场，让中国巨大的消费回流。

高质量发展需处理好几个关系

第一，大和强的关系。一个国家经济规模大，不等于强。规模数量外延的扩大，形成了庞大的体量，这是"虚胖"，有的时候不堪一击。只有实现经济素质、质量、内涵不断提升的高质量发展，形成在全球叫得响的经济质量和经济素质，国家才有整体抗风险的能力。

第二，产业结构之间的关系。我认为，过于人为地按照西方发展模式来调整三次产业结构，过于强调服务业占比，甚至把服务业占比作为衡量地方政府经济结构调整的指标，实际上是一个很大的误区。作为一个拥有近14亿人口的大国，制造业应该永远是国民经济的主体。制造业是立国之本，强国之基，兴国之器。对于一个国家来说，不能使制造业产业空心化，而是应该延长制造业繁荣周期。在这方面，美国、欧盟曾有过教训，很多产业空心化的国家想重振制造业，而经过各种努力均未达到目的，这些国家都曾有过沉痛的教训。所以，我们绝对不能削弱制造业，而应在制造业繁荣周期中把制造业做大做强。当然，服务业也很重要，但是服务业需要具备服务制造业和人民群众消费需求的能力，要与经济发展阶段相适应，而不是一种完全独立成可以替代制造业发展的产业。

第三，全产业链与全球产业链分工合作的关系。根据我们对国内科技企业做过的调研，企业高管有一个很大的困惑，他们认为根据比较优势形成全球分工合作，这样组成的全球产业链条是合理的，也是符合经济全球化规律的，而且这些企业的创新水平也不错，所以想在全球产业链分工过程中寻找企业的发展方向。但当遇到美国这种长臂管辖制裁时，有的企业全产业链的正常分工就被打乱了。在这种情况下，怎样看待全球产业链与产业链的分工？我认为，根本对策就是要尽快迈向全球产业链的高端，而不是中高端。要在全球产业链中，使中国自己企业的哪怕是一个零部件、一个模块或者一个芯片都能成为顶级产品，只有这样才能迎接新的挑战。比如福耀玻璃已成为全球最大的汽车玻璃制造商，该企业还收购了美国的 PPG 公司，生产的汽车玻璃用于供应路虎、福特这些高端汽车厂商。靠一块玻璃的创新，可以把产品做到极致，令其他供应商难以企及，这样才能在国际竞争中站稳脚跟。这就是企业在全球产业链中占据高端和顶端所形成的竞争优势，这些优势的集合就是国家的硬实力。

第四，原始创新、引进消化吸收再创新与集成创新之间的关系。在改革开放 40 年进程中，中国比较重视的是引进消化吸收再创新，这是一种高水平的拿来主义。中国在集成创新方面也有成果，比如高铁是在学习引进日本新干线和德国技术的基础上，进行了集成创新，250公里以下的技术都是引进的，但是250公里以上的技术全部是我国自己研发的。现在中国最需要的是原始创新，必须有几十年磨一剑的创新精神和韧性，踏踏实实把一种产品做到极致。要通过理论创新与发明，发现新技术、共性技术、原创性技术和颠覆性技术。在创新过程中，我国遇到的最大短板是原始创新。我国学术论文发表数量居世界第一，专利也即将居世界第一，但专利主要还是实用新型专利和外观设计专利，我们真正需要实现的是发明专利位居第一，是具有原始创新成果。

第五，匠心臻品与粗制滥造的关系。什么是匠心臻品？举例说明。在江苏232个德资中小企业中，有38个企业在其各自行业中已是世界隐形冠军。一家生产转笔刀的企业有236年的历史，转笔刀做到了世界之最，采购商都慕名而来，这就是匠心臻品。之前有个电视节目，介绍了一个黑色釉质的瓷碗，里面有两片树叶，那是我国唐宋时期烧窑技术的展现，这种技术已经断档几百年了，后来这件工艺品被收藏在日本收藏馆，价值几十万元。现在我们有一位工艺师将它研发出来，用了近20年时间，中央电视台将它搬上银屏，有一集专集叫《匠心独具》。假如没有这样的研发，没有这样匠心臻品的追求，这种瓷碗还只是日本的收藏品。所以，高质量发展在很多方面都要解决深层次的问题。

此外，要以实体经济为本，兼顾发展虚拟经济。现代经济应该是实体、虚拟经济并驾齐驱，平稳前行；要重视人才，把人作为第一生产要素，把人的积极性、创造性发挥出来，让一切创造财富的资源涌流；要通过改革上层建筑和调整生产关系，为生产力的进一步解放创造更好的制度环境和市场环境。

（本文原载于《债券》2018 年 8 月刊）

经济发展模式与融资结构变化

欧阳辉

今年 3 月，李克强总理在作政府工作报告时明确，今年 GDP 的预期目标是增长 6.5% 左右。与此同时，当前宏观经济、微观经济仍需要去杠杆，在这样的背景下怎样实现 6.5% 的增长目标？经济发展所需要的资金从哪里来？这值得认真思考。

实现发展目标需守住风险底线

从 1978 年至今，中国改革开放 40 年，GDP 实现了年均 9.6% 的增长，GDP 从 1980 年的只有 0.19 万亿美元，增长到 2017 年的 12.20 万亿美元。作为一个大国，能实现这样的经济发展速度，在世界经济史上可以说是绝无仅有的。而且在高速发展过程中，中国基本没有出现大规模的经济金融危机，政府的监管和调控能力是很了不起的。

2010 年，中国超越日本成为世界第二大经济体。日本经济自"二战"

本文作者时任长江商学院副院长。

以后，也就是 1945 年开始发展，自 20 世纪 90 年代开始出现经济危机，到 2017 年，日本的经济几乎 20 多年没怎么增长。从数据来看，2017 年日本 GDP（美元计）比 1995 年还低一点，就是因为日本出现了经济危机，且危机后的复苏乏力。

中国经济要实现发展目标，首先不能像日本那样出现危机并导致经济数十年停滞不前。所以，党的十九大报告提出三大攻坚战中第一项就是"防范化解重大风险"，习近平总书记也特别强调要坚决守住不发生系统性风险的底线，这对中国经济发展来说尤为重要。

虽然日本经济 20 多年没怎么发展，但日本基本没有出现大规模的社会动荡，究其原因，在于日本人均 GDP 接近 4 万美元。中国人均 GDP 目前还只有 8000 多美元，属于中等收入国家水平，而美国人均 GDP 已经接近 6 万美元。尽管中国经济总量已经跃居世界第二，但从人均 GDP 这个角度看并没有领先。所以，中国下一步的经济发展目标是什么？一是 GDP 总量超过美国，相信这在习近平总书记的领导下，肯定是能做到的；二是将中国的人均 GDP 提升到高收入国家水平，争取达到 15000 美元，这也是有希望的。一旦实现，将是一个很大的成就。

打造科技强国 实现发展转型

经过这么多年来经济总量的不断提升，中国经济发展进入了"新时代"。在守住不发生系统性风险底线的前提下，中国经济要实现发展目标，已经不能再延续以往的发展模式，需要寻求新的增长点，实现新的突破。近几年来，对经济发展模式的转型与升级探讨得越来越多。

在上市的一流高科技公司之中，很欣慰有两家是中国人运营的公司，一家是阿里巴巴，一家是腾讯。同时，中国在共享单车、互联网金融等运营模式方面的创新也比较领先。但是我也在思考，腾讯、阿里巴巴有哪些技术，是谷歌、亚马逊、脸书做不了的吗？好像想不到。即使今天美国人不用腾讯，不用阿里巴巴，对他们的生活也不会有太大的影响，比如微信可以用 WhatsApp 替代。中国这些高科技公司能够做大，是在具备一定科学技术的同时充分利用了中国市场而发展起来的。如果类似的公司出现在韩国、新加坡这些国家，用户数量远远比不了中国，那么公司就比较难做起来。

应该说中国改革开放 40 年，当前很多成绩的取得是依托于中国巨大的市场。但下一个 40 年就不能还是这样了。下一个 40 年，中国一定要把科学技术真正搞上去，拥有自己的核心技术，以此投入中国巨大的市场中。

经济模式不同　刺激政策不同

尽管美国以高科技为驱动的发展模式体现出优势，但美国经济模式也有其短板。比如在 2008 年金融危机期间，美国遇到了巨大的困难，经济大幅下滑、失业率迅速提高。当时中国经济也面临一定的困难，所以，中美都采取了刺激经济的措施。

中国刺激经济主要是靠增加基础设施建设拉动投资和内需，当年政府推出 4 万亿经济刺激计划，地方政府又配套了很多资金，主要针对基础设施、民生工程等。到 2009 年、2010 年，中国经济很明显就回升了。应该说遇到经济危机的时候，加大基础设施投资是最有效、最直接的手段。

美国刺激经济采取的主要方法是政府购买债券，包括美国国债和资产证券化产品等。这种打法是先把基准利率降下来，基准利率下降带动企业发债利率下降，从而降低企业的融资成本。但这并不意味着所有企业都能借到钱，因为在美国企业能不能融到资，不是政府说了算，而是由市场说了算。假设企业处在产能过剩行业，自身情况又不好，即便基准利率下降也依然借不到钱。只有投资者觉得有希望的企业才能享受低成本的融资并继续生存下去。而融不到资的企业一是裁员，二是贱卖资产来断臂求生，因此资产价格一定会下跌。

在金融危机之后，美国两个行业产能过剩最严重，一个是房地产行业，还有一个就是金融行业。金融机构中，雷曼兄弟直接破产倒闭，美国政府出手救助了花旗集团和保险公司美国国际集团，投资银行美林公司、贝尔斯登则分别被美国银行、摩根大通收购了。同时，美国的房地产价格下跌，股票价格下跌，金融产品价格也下跌，失业率从4%增加到10%左右。

美国这种打法的缺点是比较慢，到2009年中国经济已经明显恢复的时候美国还处于低谷；但优点就是产能出清比较彻底，能够有效解决产能过剩的问题。

美国政府其实也想搞基础设施建设，但是其政府效率没有中国高，很难做成功。特朗普总统去年竞选纲领中重要的一项，就是对美国基础设施进行更新换代，又在今年2月发布了基础设施建设方案，但至今还没有一个项目真正搞起来。从这点来说，中国的体系在避免经济金融危机方面的能量远远超过其他国家，面对困难的时候非常具有优势。

推动融资结构变化　实现去杠杆下的经济增长

从美国应对 2008 年金融危机的做法可以看到,在不同经济发展模式下,融资结构和主要融资渠道也有所差别。当前,中国降低经济杠杆率有助于防范和化解风险。但在去杠杆背景下,企业融资怎么办? 经济增长如何驱动? 我们对比一下美国和中国的融资渠道,来分析自身的优势在哪里,可以提高的地方在哪里。

从融资结构来看,中国的融资主要依靠银行进行间接融资,根据我们的计算,截至 2017 年底,银行的资产约占银行资产、A 股市值和债券市场市值总和的 70%,债券市场约占 14%,股票市场约占 16%。而债券市场 14% 的融资中绝大部分也来自银行。在 A 股市场中,银行市值高也是可以理解的,因为银行掌握了中国经济最主要的融资渠道。通过银行放贷的效率很高,但银行主要是国有的,对民营企业、中小微企业来说获得贷款就比较困难。A 股上市公司的数据显示,当前国有企业负债率已经比较高,2017 年达到 63%;民营企业负债率是 53% ~ 54%。所以去杠杆可能首先从国有企业开始去。

与中国不同,美国银行资产只占约 20%,融资主要靠债券市场,大约占 48%,其余 32% 是靠股票市场进行融资。所以当美国出现经济金融危机的时候,美国政府的主要救助措施是降低利率,因为发债对于企业来说很重要,企业发债又对利率很敏感。

从中美融资结构的对比来看,未来中国肯定要大力发展债券市场。从前几年情况来看,中国债券发行规模增长相当快了,2014 年发债规模为 11.9 万亿元，2015 年达到 22.3 万亿元，2016 年达到 36 万亿元，2017 年已经超过 40 万亿元。但是长期来看，债券市场依然大有可为。2016 年中国债券存量占 GDP 的约 60%，美国这一数据是 210% 多。以未来债券市场规模和 GDP 基本相当来计算，2017 年底中国 GDP 接近 83 万亿元，也就是说债券市场规模发展到 83 万亿元是没有什么问题的，所以长期来看还是大有可为。

另外，一定要积极发展股票市场、股权融资。去杠杆期间不可能再发行太多的债券。但企业发展依然需要资金，股票市场、股权融资的功能就变得尤为重要。股市融资、股权融资既可以让企业得到所需资金，又能够增加资本金、降低负债率，一举两得。股权融资的主要方式是 PE 和 VC，股市融资的主要方式是 IPO 和定向增发。而 PE、VC 的退出也主要依赖股市 IPO，所以股票市场的稳定健康发展至关重要。

如果进展顺利，预计到 2020 年，中国过高的杠杆就可能去得差不多，经济发展模式也将逐步转型成功，届时中国经济有望出现新一轮的飞速发展。

（本文原载于《债券》2018 年 6 月刊）

中国经济曙光初现　下半年呈现三大特征

诸建芳　王宇鹏　刘博阳

全球金融危机之后，中国经济实际上是沿着一条内在的逻辑主线在变化发展：从产能严重过剩到去产能，从产能逐步出清到供需平衡改善，从供给收缩到需求扩张。中国经济呈现出新一轮周期性扩张。

这一逻辑反映在经济增长上就是：中国经济增速自 2010 年之后连续几年下行，至 2017 年基本见底，目前正运行在一个相对稳定的增长区间；经济内在动力在逐渐增强，产业结构和经济质量在提升，企业盈利在改善，虽然短期内经济增速并没有表现出明显的回升，但增长的驱动因素在发生积极变化——由政策推动转向由经济自身驱动，经济内生增长动能在进一步修复。中国经济将会发生"质"的变化，呈现回暖态势。可以说中国经济已曙光初现。

随着下半年经济数据的变化和对宏观政策的进一步厘清，市场对增长、通胀、盈利以及政策取向的看法会有变化，下半年资本市场的资

本文作者诸建芳时任中信证券首席经济学家；王宇鹏、刘博阳供职于中信证券研究部。

产价格也将呈现出一些新的变化。整体来看，下半年中国经济将呈现三个显著特征：内生增长动能修复、通胀渐起和企业盈利改善。

GDP：内生增长动能逐渐修复

下半年中国经济增长将保持平稳，主要得益于：一是周期性行业资本开支回暖，采矿业和制造业等周期性行业固定资产投资将会触底反弹；二是房地产开发投资增速将好于预期，预计全年增速将维持在6%以上；三是服务业投资有望在新一轮对外开放的推动下逐渐回暖；四是FDI投资有望迎来一个小高潮，制造业和服务业的进一步对外开放有望吸引FDI来中国投资；五是全球经济进一步回暖，有望拉动出口保持持续增长。

下半年中国经济增长的最大特点是"内生动能逐渐修复"。过去几年中国经济保持平稳增长很大程度上得益于基建投资的高速增长，但是2018年一季度基建投资增速已经回落至10%左右，而GDP仍然保持6.8%左右的增长，这主要是因为中国经济内生增长动能在修复。预计下半年中国经济内生增长动能的修复仍将继续，并主要表现在3个方面：一是民间投资增速有望逐渐回暖；二是周期性行业资本开支扩张逐渐形成趋势；三是在全球经济回暖的大背景下，中国经济将跟随全球经济复苏的步伐前进。

综上，预计下半年中国GDP仍然维持6.8% ~ 6.9%的增速；预计2018年二至四季度中国GDP增速分别为6.8%、6.8%和6.9%。

消费：从持续放缓到相对平稳

消费的波动率逐渐减弱，已进入持续稳定增长状态。自 2014 年开始，社会消费品零售总额增速结束此前几年下滑态势，开始进入相对稳定的区间，基本处于 10% ~ 11%。最新数据显示，2017 年社会消费品零售总额同比增长 10.2%，受春节消费不及预期拖累，2018 年一季度较前值下降 0.4 个百分点。如果从社会消费品延伸到最终消费来看，今年一季度，消费对 GDP 的贡献率超过 75%，较 2017 年上升 19 个百分点。虽然社会消费品零售总额难以和 GDP 中的最终消费指标严格匹配，但毫无疑问消费端已经成为拉动经济增长的主要驱动力。

居民收入稳定增长是社会消费品零售总额增速进入稳态的主要支撑因素。未来，预计经济大幅波动的时代将远去，GDP 增长大体上将处于 6% ~ 6.5%，因此，社会消费品零售总额增速也将继续稳定在当前的波动水平上，但边际变化对基本面和资本市场的影响仍然十分重要。

（一）一系列政策有助于稳定收入增长

从理论上来讲，低收入人群的边际消费倾向相对较高，对消费增长的作用比高收入人群更大。目前顶层设计中，脱贫是三大攻坚战的重要一项。在精准扶贫与社会合力的思想指导下，我国近五年来已经实现农村贫困人口由 9899 万人减少至 3000 多万人。并且我国互联网和消费性服务业发展迅速，而这些行业一定程度有助于克服引致贫困的物理距离远、资源禀赋不足等因素，因此也成为新时期扶贫的重要方法。

去年我国产业扶贫新业态发展迅速，电商扶贫带动 274 万贫困户增收，光伏扶贫直接惠及 80 万贫困户，旅游扶贫覆盖 2.3 万个贫困村。预期 2018 年，我国将再减少 1000 万以上贫困人口。

在财政政策方面，自 2018 年 1 月 1 日起，我国退休人员月人均基本养老金水平较 2017 年上涨 5% 左右，至此，我国养老金已经实现了连续 14 年的上涨。2017 年，我国退休人员月基本养老金为 2492 元，同比提高了 5.5%。按照今年涨幅 5% 计算，预计 2018 年退休人员月基本养老金将会上涨到 2616.6 元。而养老金上涨不仅是保障民生的重要举措，在我国步入人口老龄化阶段，也对日益增长的老年群体消费起到了推动作用。

（二）服务消费未来空间巨大

家庭可支配收入是衡量一国收入水平的一般性指标，在国际比较中，我们常采用人均 GDP 作为替代指标来表示。我国人均 GDP 水平在 2015 年已突破 8000 美元，分别相当于美国和日本在 20 世纪 70 年代中期和末期的水平。国际经验表明，当人均 GDP 达到 1 万美元左右时，居民人均收入进入相对富裕阶段；前期资本、研发和基础设施等的投入通过生产效率的提升带来回报，休闲和消费大幅增加，与医疗保健、娱乐等相关的服务支出比重上升空间较大。目前来看，我国消费服务行业已经初现增长动能。据中国旅游研究院综合测算，仅在刚刚过去的"五一"假期，全国共接待国内游客 1.47 亿人次，同比增长 9.3%，实现国内旅游收入 871.6 亿元，同比增长 10.2%。同样，旅游行业的增长带动了住宿消费，我国星级酒店自 2014 年起营业额连续同比增长超过 10%。另外，大众娱乐消费也快速上涨，2012 年至今，春节档电影票房持续攀升。

短期来看，消费性服务业活动指标与消费性服务业新订单指标已经出现 10 个月左右的连续上涨，指标的稳步回升预示着未来短期内消费服务业也将有稳健的表现。

（三）中国消费市场将直逼美国

美国 2017 年全年零售和食品服务消费额为 5.75 万亿美元，目前为全球范围内规模最大的消费市场。按照全年 11.0% 的增速预期，2018 年中国社会消费品零售总额将达到 40.7 万亿元，直逼美国消费市场规模，并将成为全球范围内规模最大的消费品市场，这将是中国经济发展中重要的里程碑事件，意味着在改革开放 40 年中，中国经济逐步实现了由投资驱动（或外需驱动）向消费驱动的增长模式转换。

（四）短期消费结构亮点犹存

1. 汽车消费超预期向好

从占社会零售品消费总额近 30% 权重的乘用车来看，2017 年一季度其销售同比增长 2.6%，在小排量汽车购置税优惠退出的背景下，增速明显超预期。在消费升级的背景下，未来豪华车不排除有进一步的增长。此外，随着汽车制造业对外开放新政策的实施，汽车进口关税将显著降低，也将一定程度上拉动国内汽车消费。

2. 可选消费品将继续出现高增长态势

预计 2018 年通胀水平将较去年有约 0.9 个百分点的抬升，即使今年居民收入增长与去年持平，消费价格上涨也有利于名义收入的增长。因此，我们判断 2018 年消费品行业仍然将延续较高的景气度，其中可选消费受益程度可能最大，因为高端消费品、奢侈品等的收入弹性相对较大（参见表1）。

与房地产产业链条相关的家具、家电、建筑装潢材料消费占整体消费的近10%，是重要的可选消费品种类。由于2017年初地产销售增速已经进入下行通道，一般来说，家具等需求会滞后一年左右，因此，预计后地产时代家电家具的黄金期也接近结束。我们认为，房地产相关消费的下行将被其他耐用品消费和服务消费所抵消，服务消费可能是2018年的亮点，文、体、娱乐、旅游、休闲等服务消费将会受益。

表1　收入增速与各类消费品的相关系数

商品分类	类别	收入的影响滞后时间	相关系数最大值
金银珠宝类	可选消费	1年	0.64
化妆品类	可选消费	3个季度	0.51
家用电器和音像器材类	房地产相关	1年	0.51
服装鞋帽针纺织品类	可选消费	1年	0.51
石油及制品类	可选消费	1年	0.49
烟酒类	可选消费	1年	0.45
汽车类	汽车	2个季度	0.43
日用品类	可选消费	1个季度	0.38
其他类	其他	1年	0.38
家具类	房地产相关	1年	0.37
建筑及装潢材料类	房地产相关	同步	0.34
文化办公用品类	可选消费	1个季度	0.28
书报杂志类	可选消费	同步	0.27
中西药品类	可选消费	1个季度	0.26
饮料类	必选消费	1个季度	0.25
粮油食品	必选消费	1年	0.24
体育、娱乐用品类	可选消费	3个季度	0.22
通讯器材类	可选消费	1年	−0.16

资料来源：Wind，中信证券研究部

综上，不管总量还是结构，消费升级都不会戛然而止，从长周期变量上看依然利好消费，同时短期内居民收入增速稳定、消费价格将提升、低收入群体有效提升边际消费倾向、可选消费亮点犹存，因此我们对2018 年的社会消费品零售总额走势呈乐观态度，预计全年增长 10.8%左右。

投资：周期性行业资本开支回暖

（一）制造业投资探底或将结束

一季度制造业投资表现略有疲软，累计同比增长 3.8%，增速比 1—2 月回落 0.5 个百分点，较去年同期回落 2 个百分点。数据的回落导致市场上看空制造业投资的声音较多。我们则认为制造业投资或将在下半年结束探底，投资增速有望步入上行通道。

主要原因在于：一是工业行业供需格局已从此前的"供需过剩"转向"供给不足"，从"产能过剩"转变为"产能利用率提高"，工业行业资本开支未来将趋势性回暖，采矿业和制造业投资增速将会触底回升。二是今年一系列政策的改革方向有望进一步增强制造业企业的投资意愿，加速周期性行业资本开支回暖的到来：首先，4 月 23 日召开的中共中央政治局会议指出，我国经济周期性态势好转，"去产能"政策有望在"态势好转"的背景下逐渐调整，或将逐渐允许一些产能利用率高的行业率先开始适度扩张产能；其次，今年财政政策的方向为"减税降费"，全年预计减税 8000 亿元、降费 3000 亿元，这有助于提高制造业生产和投资的积极性；再次，今年两会提出将实施新一轮重大技术改造升级工程，结构优化和新动能培育将促成制造业创新中心、智能制造、工业强基、绿色制造、高端转变创新等中高端制造业的崛起，从而有利于促进资本开支的扩张，拉动制造业投资回暖。三是全球贸易回暖仍然是大概率事件，有望提振中国制造业出口。

综上，预计制造业投资增速短期虽有疲软，长期或将迎来周期性行业资本开支的回暖，预计全年制造业投资增速会升至 5% ~ 6%。

（二）房地产投资有望超预期增长

一季度房地产开发投资累计同比增速为 10.4%，高于去年同期的9.1% 和去年全年的 7.0%，并且创了近三年新高；一季度房屋新开工面积累计同比也显著增长至 9.7%，高于 2 月的 2.9% 和去年全年的 7.0%。我们认为当前房地产市场依然存在较多投资扩张的利好因素，房地产周期的逻辑正在悄然发生变化，下半年的房地产投资有望大概率超预期增长。

主要原因在于：一是土地购置费成为支撑当前房地产投资增速超预期增长的最主要贡献因子，土地购置费通常滞后于土地成交款约 12个月，一季度房企仍然延续积极拿地意愿，预计下半年土地购置费将延续高速增长趋势，对房地投资增速的支撑作用不会明显减弱。二是存在一些利好的政策：今年两会提出要建立多主体供应、多渠道保障、租购并举的住房制度，为此将进一步落实棚改货币化安置、人才安居房、保障性住房、长租公寓等政策，政策面的放松预计将带来可观的房地产投资和购房需求；多地"抢人才"政策落地、主要热点城市放松房地产限购限售政策陆续出台，进一步释放了房地产限购政策即将松绑的信号，刺激房地产市场需求回暖，提升了房地产销售和投资预期。三是中国未来几年人口向大中型城市集聚趋势的延续，保证了这些地区的刚性购买力。四是库存下降对地产投资也有一定带动作用。

综上，预计全年房地产投资仅小幅回落，大概率超越市场预期，全年增速在 6% 左右。

（三）基建投资相机往下调整，边际走弱

一季度基建投资（不含电力、热力、燃气及水生产和供应业）累计同比增长 13%，较上期继续下滑 3.1 个百分点，较去年同期下降 10.5 个百分点；经测算，一季度基建投资累计同比增长 8.3%，较去年同期下降 10.4 个百分点。基建投资增速下降，主要是受去年高基数和地方政府融资监管趋严的双重影响。判断下半年基建投资走势需要分别从政策面和资金面进行分析。

政策层面上，监管趋严和地方财政约束增强侧面体现了经济周期已趋势性回暖，基建投资遵从"逆周期调节"原则将边际走弱，但是下降幅度有限。

资金层面上，基建投资多方资金来源有增有减，总体支撑较多。基建投资的资金来源可以分为五个部分：一是国家预算内资金，其占比较为稳定，为 15% 左右，并且从 2014 年以来增速处在下行通道，预计今年仍将小幅下滑；二是国内贷款，占比也较为稳定，为 15% 左右，受今年财政部 23 号文和资管监管政策影响，非标融资将明显下降；三是自筹资金，占比最大，近两年维持在 60% 左右，其中今年政府基金支出用于基建的部分会比较可观，今年安排地方政府专项债券比去年增加 5500 亿元，PPP 也仍将成为基建投资的重要支撑；四和五分别是利用外资和其他，二者之和不超过 10%。

综上，结合基建投资的政策面和资金面，全年的基建投资增速将边际走弱，但是对下降幅度不用过度悲观，预计基建投资全年累计同比增速在 12% 左右。

（四）全社会固定资产投资：预计全年增速为 8% 左右

近两年，全社会固定资产投资中，房地产占比约 19%，制造业占比约 31%，基建占比约 25%。若按照上述分析，预计今年制造业投资增速将反弹至 5%～6%，房地产开发投资增速将会回落至 6% 左右，基建投资增速将会回落至 12% 左右。经过测算，全社会固定资产投资将会保持 8% 左右的增长。

进出口：下半年将继续保持增长

（一）下半年全球经济仍大概率维持平稳扩张

2018 年下半年全球经济仍大概率维持平稳扩张态势，经济增长的格局更多表现为"美强欧弱"。发达国家经济周期进入成熟阶段；新兴市场经济增速自低点缓慢爬升。特朗普的减税政策一定程度上延缓了居民消费的放慢，其财政刺激政策推出的时点可能加速经济周期向中后期的演化。预计 2018 年下半年美国实际 GDP 增速略高于上半年 0.2 百分点，二季度为其全年经济增长的高点，这在一定程度上可以抵消欧日经济放缓对发达国家经济的拖累。整体来看，2018 年下半年全球整体需求增长仍可维持相对高位，这对国内出口有支撑。

今年以来，我国外贸进出口延续了去年增长势头，一季度我国货物贸易进出口同比增长 16.3%（2017 年为 11.4%）。其中，出口增长 14.1%；进口增长 18.9%；贸易顺差 483.9 亿元，收窄 19.5%。去年进出口扭转了此前连续两年下降、净出口对经济贡献持续为负的局面，货物和服务净出口对 GDP 增长的贡献率首次恢复正值。

（二）预期汇率稳中有降，人民币小幅走强略影响出口扩张

考虑到全球经济同步复苏、更多国家加入货币政策收紧的趋势依然持续，我们认为，美元指数从 2017 年开始的两至三年间依然处于下行趋势，但在今年二三季度存在反弹空间。人民币汇率升值幅度相对 2017 年减小，预计 2018 年下半年先贬后升，全年美元兑人民币汇率基本稳定在 1 ∶ 6.3 水平。因此，汇率应不会对出口产生较大的负面影响。基于上述分析，我们看好 2018 年全球外贸形势和中国出口，预计今年出口增长 8% ~ 10%。

1. 出口商品结构仍然在不断升级

2018 年一季度，我国部分附加值较高的机电产品和装备制造产品出口保持良好增势。其中占比较大的仍然是电机、电气、音像设备及其零附件，核反应堆、锅炉、机械器具及零件以及针织品等，显示出我国在这些方面具有较大的比较优势。各类产品总的出口金额占比在发生变化，电机等、家具等以及车辆、塑料制品等占比都在逐渐增加，今年一季度我国汽车出口增长 10.9%，竞争优势逐渐显现。同时，我国在针织服装等、钢铁以及钢铁制品等方面的出口金额占比都在逐渐下降。

2. 高新科技产品进口需求不减

2017 年我国能源和资源性产品进口稳定增长，原油、铁矿砂、天然气进口量分别增加 10.1%、5% 和 26.9%，部分重要设备和关键零部件优质消费品进口较快增长，其中集成电路增长 17.3%，发动机增长 17.6%，数控机床增长 13.8%，水海产品增长 19.6%。我国对高新技术产品的进口仍然占据着重要的位置，主要包括生物技术、生命科学技术、

光电技术、计算机集成制造技术以及航空航天技术等。2017年我国进口高新技术产品总额为5840.34亿美元，占进口总额的31.7%。

3."一带一路"建设促进新兴市场国家对华贸易升温

从2013年我国提出"一带一路"建设的理念到现在短短五年中，从外贸领域看初步取得了丰硕的成果。2013年至2017年，我国与"一带一路"沿线国家的进出口总值为33.2万亿元，年均增长4%，高于同期我国外贸年均增速，成为对外贸易发展的一个亮点。今年一季度，我国与"一带一路"沿线国家的进出口总值为1.86万亿元，增长12.9%，高出同期我国外贸整体增速3.5个百分点，占我国进出口总值的27.5%，比重提升0.9个百分点。

（三）中美贸易关系存在协商空间，但有些问题短期很难轻易化解

当前中美贸易磋商谈判举世瞩目。考虑到中美两国在全球经济中的重要性和互补性，未来贸易变化的后果会影响巨大，这也增加了未来中国外贸前景的不确定性。不过，我们相信，中美双方在贸易问题上最终将走向协商合作而非对抗的道路。

物价：通胀回升"未完待续"

（一）CPI将出现上涨趋势

预计2018年通胀回升将是对资本市场和相关政策影响较大的一个重要变量。在食品价格重返通胀区间和非食品维持相对高位的共同作用下，全年均值将较去年提升1个百分点至2.5%左右。

2月CPI同比创下全年高点2.9%后，3月CPI同比增长只有2.1%，不及预期，引发市场对于通胀回升可持续性的讨论。我们认为，决定今

年通胀回升的重要因子在于猪价和国际原油价格。目前来看，两个因素未来发展趋势仍会对年内通胀产生正面的拉动作用。

1. 猪价二季度或小幅反弹，推动食品价格上涨

2017 年食品价格低迷很大程度是由于猪价下行导致，其同比降幅一度达到 20% 左右。今年 1 至 4 月，猪价仍处在小幅下跌过程中，目前已经接近生猪养殖的可变成本，行业出现亏损迹象。综合中信证券研究部农业组观点[1]，从历史情况来看，二季度猪价或迎来一波小反弹，但并非价格出现趋势性反转。

综合来看，2013 至 2014 年是我国猪肉需求的顶点，之后的需求萎缩基本不可逆。由于 2017 年基数较低，今年猪价底部小幅波动，因此对 CPI 的贡献将由负转正，助推食品价格保持在通胀区间内。

2. 国际油价可能成为 CPI 进一步上涨的动力

今年 IMF 连续上调全球经济增速预测，预示着短期内经济回暖的趋势依旧未变。从供给端来看，如果年中 OPEC 宣布缩减限产规模，由于限产并非一次性将产量放出，因此供需错配的格局仍然存在，将对油价形成支撑。国际油价在当前 73 美元 / 桶的局面下，下半年仍存在小幅上涨空间，可能会升至 75 美元左右，并对 CPI 的上行形成支撑。

3. 对今年 CPI 的预期

考虑到猪价波动和国际油价变化，我们认为全年通胀依然能够达到 2.3% ~ 2.5% 的高位。从季度来看，三四季度的 CPI 会再度上扬。

（二）PPI 短期受支撑，同比回落程度较为有限

预计基数效应、环保和终端需求的共同作用将导致年内 PPI 下行幅度极为有限。首先，基数效应一定程度将拖累 PPI，去年二季度 PPI

同比相对稳定，但三、四季度同比再度上扬，对今年 PPI 的下行产生反作用；其次，环保限产政策将延续，产能扩张受限；最后，终端需求将为 PPI 提供短期支撑。

预计全年 PPI 的均值将至少在 3.2% 左右，当油价上涨到 75~80 美元 / 桶时，PPI 增速可能达到 3.5%。

企业盈利：仍保持扩张势头

如上文所述，年内 PPI 下滑幅度相对有限，因此保证了工业企业盈利维持扩张，但存在边际下滑的趋势。与此同时，企业盈利增速也取决于工业生产的扩张程度。由于前期去产能导致产量收缩，当前"供给扩张滞后于需求扩张"的工业品供需格局将对工业品生产有所支撑。在去产能阶段性达成目标的背景下，预计 2018 年工业增加值增速仍将维持在 6% ~ 7%，工业生产维持平稳态势。全年来看，工业企业盈利仍将保持 8% 左右的增速。

将工业行业分为上中下游来看，可以发现由于今年一季度 PPI 下行趋势较为明显，导致上中下游的利润增速都出现较为明显的回落，但上游资源品行业的盈利仍然保持扩张，中游和下游企业的盈利同比增速却已经开始负增长，其中下游负增长态势更加明显。这个现象说明：一是在上游资源品上涨的背景下，由于成本传导情况尚未明显改善，因此下游行业的利润受挤压程度仍然较大；二是从 PPI 定基指数来看，目前工业品价格仍然处于相对高位，特别是上游资源品价格，因此上游盈利仍在扩张区间。

利润改善有助于企业实现"去杠杆"目标。"去杠杆"作为供给侧结构性改革的重要目标之一，主要指地方政府、非金融企业和居民部门三方面组成的宏观杠杆率出现下降，其中地方政府和国有企业的杠杆率尤为重要。自 2017 年起，国际清算银行（BIS）口径下的非金融企业宏观杠杆率出现下降，但仍为历史较高水平。微观指标中，工业企业资产负债率也逐步小幅下降，与宏观杠杆率同向变化，一方面说明杠杆利用效率在回升，另一方面也说明实体企业的资产回报率有所改善[2]。

　　不管是衡量债务可持续性的宏观杠杆率还是衡量企业债务偿还能力的资产负债率，企业盈利的扩张都是降低杠杆率的最重要因素。短期来看，预计 2018 年工业企业盈利仍能保持在 8% 左右的增速，也就意味着企业潜在的偿债能力将有所增强，这将为解决我国高杠杆问题打下一定基础。

注：

　　1. 详情参见中信证券研究部农业组 2018 年 4 月 3 日外发报告《二季度猪价有望强反弹》。

　　2. 宏观、微观杠杆率的变化逻辑请具体参见中国金融论坛课题组《杠杆率结构、水平和金融稳定：理论与经验》，中国人民银行工作论文，2017。

（本文原载于《债券》2018 年 6 月刊）

去杠杆:紧货币还是松货币?

伍戈　高莉　兰俚萍

去杠杆是近年来我国宏观经济政策的主基调之一。今年我国面临的国际经济形势复杂多变,7月31日召开的中央政治局会议提出"坚持实施积极的财政政策和稳健的货币政策""要把好货币供给总闸门,保持流动性合理充裕"。自二季度以来,我国已实施了两次降准措施,银行间市场利率不断走低。

当前,有一个令市场人士感到困惑的问题,即究竟是紧货币有利于去杠杆,还是松货币有利于去杠杆;还有一个问题是,当经济下行压力增大时,到底是坚持去杠杆还是要力求稳增长。这些问题都关乎我国宏观经济动能和资本市场走势。

紧货币是否有利于去杠杆

笔者通过观察近年来中国的杠杆率状况,发现杠杆率增速明显下

本文作者伍戈时任华融证券首席经济学家;高莉时任华融证券宏观研究员;兰俚萍供职于中央财经大学。

降的阶段有三个：2009—2011 年、2013 年、2016 年至今。这三个阶段
有个共同特征就是贷款利率均处于抬升状态，这似乎表明紧货币与去
杠杆有着内在联系。而从历史规律来看，贷款加权平均利率与非金融部
门杠杆率增速也存在着一定的反向关系（见图 1）。那么，为什么利率和
杠杆率增速会呈现显著的反向关系？

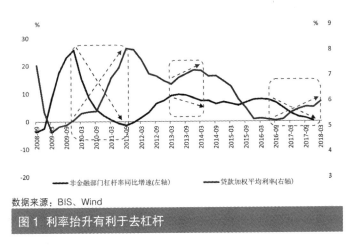

数据来源：BIS、Wind

图 1　利率抬升有利于去杠杆

从理论上说，利率抬升往往会同时抑制杠杆率的分子（债务）和分
母（GDP）的扩张。但是相比较而言，债务对于利率的变化更为敏感（见
图 2），这使得在紧货币环境下债务收缩的速度要快于 GDP 下滑的速度，
从而使杠杆率呈现下降态势。笔者通过测算 2008 年以来债务的利率弹
性和 GDP 的利率弹性，发现不管是点弹性还是弧弹性，债务的利率弹性
几乎都要大于 GDP 的利率弹性，使得抬升利率大概率有利于去杠杆。

持续紧货币在现实中为何不可行

尽管紧货币大概率有利于去杠杆，但从历史规律来看，持续紧货币
在现实中却并不具有可行性，其原因在于：

2008.09—2009.03　2011.09—2013.03　2013.12—2014.06　2016.09—2017.12

数据来源：BIS、Wind

图 2　债务较 GDP 对于利率更为敏感

注：1. 杠杆率＝债务／GDP；杠杆率利率弹性＝（Δ杠杆率／杠杆率）/（Δ利率／利率）＝债务利率弹性－GDP利率弹性

2. 此处利率指金融机构加权平均贷款利率，GDP采用杠杆率的通行算法，即每个时点累计前四个季度的 GDP

3. 弧弹性区间以贷款利率走势的上下行区间来划分，为方便对比，此处弹性均采用其绝对值

第一，持续紧货币会对 GDP 造成负向影响，经济增长底线可能受到挑战。尽管利率对经济增长的影响不一定在当期体现，但随着紧货币的滞后效应将逐步显露（见图 3），去杠杆与稳增长之间的矛盾势必与日俱增，最终稳增长目标将占据上风。从历史规律来看，贷款加权平均利率对于名义 GDP 通常有 1 年的领先性，在贷款利率提升初期，经济韧性往往仍能维持一段时间，但随着贷款利率的不断收紧，到了一定阈值之后，总需求从扩张转向收缩，经济增长拐点也随之到来。这一轮去杠杆政策实施以来，我国名义 GDP 虽然仍保持一定韧性，但随着持续紧货币对 GDP 造成的负向影响逐步显露，稳增长将重新成为我国宏观经济调控的主旋律。

第二，持续紧货币容易加速债务违约风险的暴露，对金融稳定造成

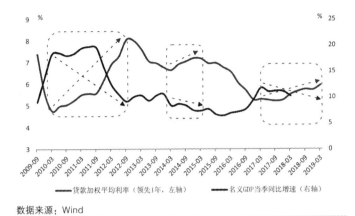

数据来源：Wind

图 3 持续紧货币对 GDP 形成滞后的负向影响

不利影响。笔者经过分析发现，2010 年以来的三轮利率上升过程均伴随着信用利差扩大，这表征金融风险有所加大。具体来看，为应对次贷危机后大规模刺激政策所形成的通胀压力，贷款加权平均利率在 2011 年不断抬升，信用利差在这一期间迅速扩大。同样，2013 年贷款加权平均利率的抬升也伴随着信用利差的走阔。而这一轮去杠杆政策实施以来，随着金融监管的全面趋严，贷款加权平均利率逐步抬升。与此同时，

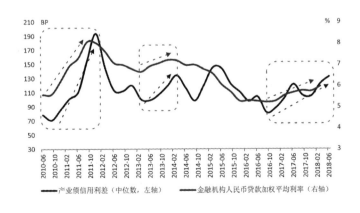

数据来源：Wind

图 4 持续紧货币加速债务违约风险暴露

信用利差逐步走阔，信用风险事件明显增加，金融风险有所加大。去杠杆的初衷是为了防范金融风险以实现经济平稳增长，但如果持续地过度收紧货币或将违背该初衷（见图4）。

去杠杆为何是漫长而复杂的过程

国际经验表明，杠杆率绝对水平的下降通常是一个漫长而复杂的过程。不论是发达国家还是发展中国家，几乎都在经历着杠杆率不断增加的过程（见图5）。事实上，只有极少数国家有去杠杆的经验，且多伴随着经济金融危机的困扰。例如20世纪90年代，日本经济泡沫破灭之后，该国非金融部门的杠杆率曾一度下降，但面对经济衰退的风险，日本政府后来又不得不选择加杠杆，使得当前日本的杠杆率绝对水平远高于发达国家的平均水平。又如，美国在次贷危机后也呈现出相似状态，居民和非金融企业部门的杠杆率一度收缩，但政府部门为扩大总需求而加杠杆，使得当前其总体杠杆率依然处于较高水平。虽然中国的杠杆

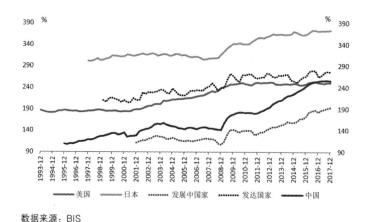

数据来源：BIS

图5 杠杆率绝对水平的下降并非易事

率自有数据记录以来也有保持平稳甚至下降的时期（比如 2004—2008 年期间杠杆率有所降低），但从整体来看，杠杆率仍处于趋势性上升状态。从绝对水平来看，当前中国非金融部门的杠杆率水平已经达到美国次贷危机时期的水平，这一水平虽较发达国家平均水平还有一定距离，但已明显高于发展中国家的平均水平。

从杠杆率结构的国别对比来看，不同国家的杠杆率结构也不尽相同。根据 BIS 统计的数据，截至 2017 年 12 月，中国居民部门的杠杆率水平低于美国和日本，但较新兴市场国家要高一点；从政府部门的杠杆率来看，不管是与发达国家还是发展中国家相比，中国都处于低位，似乎不足为忧。但考虑到地方政府融资平台等多种债务融资方式虽不是以政府名义直接借债，但政府却承担了一定的偿还责任，因此政府部门的杠杆率存在一定的低估，而非金融企业部门的杠杆率或存在高估的可能。截至 2017 年底，中国非金融企业部门的杠杆率仍远高于新兴市场国家的平均水平，与日本 20 世纪 90 年代的历史最高点持平，也高于美国 2008 年金融危机时的峰值水平（见图 6）。考虑到在当前的经济体制下，国有企业往往相较民营企业更有融资优势，因此区分企业内部杠杆率结构对于构建长期去杠杆的路径也很重要。

更进一步地，笔者发现在中国非金融企业部门的杠杆率中，国有企业的杠杆率要远高于私营企业的杠杆率，尤其是次贷危机之后，国有企业的杠杆率上升得更为明显。而从政府部门杠杆率来看，中央政府的杠杆率稳中有降，地方政府的杠杆率则在 2014 年以后迅速攀升（见图 7）。而国有企业和地方政府正是本轮结构性去杠杆的两大重点领域。由于受到预算软约束、中央与地方财权与事权不匹配等诸多因素的制约，单

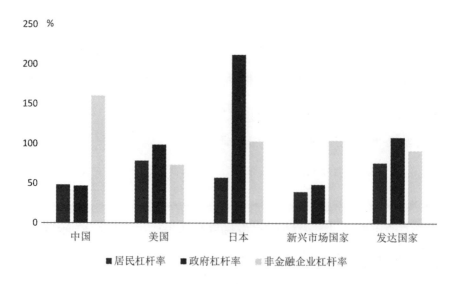

数据来源：BIS

图 6 全球杠杆率大体结构

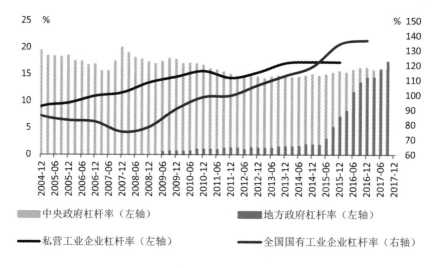

数据来源：BIS、Wind

图 7 我国国有企业和地方政府杠杆率上升明显

独依靠货币政策来解决结构性问题将面临诸多挑战。

因此，从中国的具体情况来看，杠杆率绝对水平的下降更取决于结构性改革（见图8）。具体来说，体现在以下两个方面：一是"做小"杠杆率的分子（债务）。通过推进国有企业改革（如硬化预算约束）、财税改革（如增加与事权责任相配套的地方融资和税收）、金融改革（如增加股权融资、创新化解债务工具等）来收缩债务，以此做小分子。二是"做大"杠杆率的分母（GDP）。通过实施劳动力要素（如户籍改革、促进人口更加自由流动）、资本要素（如打破刚兑、利率更加市场化等）、生产率（产权保护、激励相容、激发各种所有制企业的积极性）等相关领域的制度改革，来做大分母。只有实现经济的高质量增长，才能真正实现去杠杆的目标。

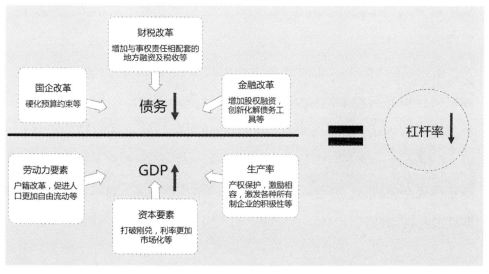

资料来源：作者整理

图8 去杠杆更取决于结构性改革

总结与展望

基于上述分析，笔者得出以下结论：

第一，历史数据表明，紧货币将大概率有利于去杠杆。利率抬升往往会同时抑制杠杆率的分子（债务）和分母（GDP）的扩张。但相对GDP而言，债务通常对利率的变化更为敏感。这使得紧货币环境下债务收缩的速度快于GDP下滑的速度，从而使得杠杆率增速呈现出下降态势。实证数据也有力地证明了上述逻辑。

第二，从历史规律来看，持续紧货币在现实中并不具有可行性。其原因在于：一是持续紧货币会对GDP造成滞后的负向冲击，经济增长底线可能会受到挑战；二是持续紧货币容易加速债务违约风险的暴露，从而对金融稳定造成不利影响，去杠杆的初衷是为了防范金融风险以实现经济平稳增长，若持续地过度收紧货币或将违背该初衷。

第三，展望未来，强监管环境下信用收缩的滞后效应还将继续显现，加之国际贸易形势等的影响，我国宏观经济动能趋弱的可能性可能会得到进一步确认。随着未来货币边际趋松由银行间市场向信贷市场传导，杠杆率增速仍有可能稳中略升。当然，杠杆率绝对水平的下降是个漫长而复杂的过程，它更取决于市场化的结构性改革，而不是依赖于周期性的总需求政策。

（本文原载于《债券》2018年9月刊）

降税费的紧迫性与破解之道

梁红　王慧

据新华社 7 月 20 日报道,中共中央办公厅、国务院办公厅印发《国税地税征管体制改革方案》,其中明确"从 2019 年 1 月 1 日起,将基本养老保险费、基本医疗保险费、失业保险费、工伤保险费、生育保险费等各项社会保险费交由税务部门统一征收"。8 月 20 日,国家税务总局、财政部、人社部等五部委局联合召开社会保险费和非税收入征管职责划转会议,提出"在今年 12 月 10 日前完成社保费和第一批非税收入职责划转交接工作,自 2019 年 1 月 1 日起由税务部门统一征收各项社会保险费和先行划转的非税收入",再次明确了社保费改由税务部门征收的时间表。

明确社保费由税务部门统一征收将改变当前"双重征缴"体制的矛盾,提高征缴效率,降低征缴成本,扩大社保覆盖面,从长期看有助于降低各地社保费率和缴费基数的差异,促进全国统筹的实现。然而,如

本文作者梁红时任中金公司首席经济学家;王慧时任中金公司研究部分析师。

果不同步调降费率，这也将被动提升企业的经营成本，减少个人的可支配收入，在当前的宏观背景下负面影响会更突出。

社保征缴的现行体制和现状

根据国务院相关文件及社会保险法的释义[1]，我国城镇职工基本养老保险的缴费基数是本人工资，一般以上一年度本人月平均工资为个人缴费工资基数，月平均工资按国家统计局规定列入工资总额统计的项目计算，包括工资、奖金、津贴、补贴等收入。如果本人月平均工资低于当地职工平均工资 60% 的，按当地职工月平均工资的 60% 缴费；超过当地职工平均工资 300% 的，按当地职工月平均工资的 300% 缴费。医疗、失业、工伤、生育费的缴费基数与养老基本一致。

而《中国企业社保白皮书 2018》显示，企业参保在及时性、险种覆盖面上遵守程度较好，但是社保缴费基数完全合规的企业仅占 27%，就是说 73% 的企业没有按照规定缴费，其中 31.7% 的企业按照最低标准缴费。

我国社保的"双重征缴"体制使得上述情况有了存在的可能。目前征缴模式主要有两类：

一是由社会保险经办机构负责征收，即"社保征收模式"，北京、上海、天津、深圳、山东、四川等 10 多地采取此模式。

二是"税务征收模式"，河北、内蒙古、辽宁、黑龙江、江苏、浙江、安徽、福建、湖北、湖南、广东、海南、重庆、云南、陕西、甘肃、青海、河南及宁波、厦门[2]等 22 地采取此模式。而"税务征收模式"又可以分为两类：一是"税务代征模式"，即由社会保险经办机构负责核定缴费数额，由税务部门负责征收，大部分税务征收的地方都是这种模式；二是"税务全责征收"，即税务部门负责核定和征收社保费，广东(除深圳)[3]、厦门[4]、浙江[5]等地是这种模式。

社保部门熟悉各项社会保险政策和业务，由其征收的模式贯穿了企业和个人参保、费用征缴、待遇发放及相关服务的环节。但是社保部门无法及时和精准地掌握企业的员工工资发放情况，因此，在核定和征收社保费时，企业有可能存在缴纳不规范的现象。而税务部门在核实缴费人数、缴费基数等基础数据方面更加具备专业优势，并且拥有成熟有效的征管手段和足够的专业人员配备，由税务部门征收社保费将提升社保征管的规范程度，征缴力度有所加强。

社保费由税务部门征收影响几何

（一）缴费基数规范化的影响

根据 2017 年基本养老保险人均缴费 11701 元和 2016 年社会平均工资 54256 元，可计算出 2017 年企业职工基本养老保险的实际缴费费率是 21.6%，低于 28% 的国家标准。下述三个"合规"原因可能导致实际缴费费率低于国家标准。

1. 少数省市自主降低缴费费率或者降低缴费基数

例如广东省基本养老保险中，企业缴费费率为 13% ~ 14%[6]，比国家标准 20%（其余 8% 为个人缴费费率）低了 6 ~ 7 个百分点，而且深圳基本养老保险、生育和失业保险缴费基数下限为最低工资[7]；厦门基本养老保险企业缴费费率为 12%[8]，比国家标准低了 8 个百分点；杭州基本养老保险企业缴费费率为 14%，比国家标准低了 6 个百分点，医疗保险 10.5%、生育保险 1.2% 的标准略高于国家标准[9]。然而大部分省市都是按照国家标准来征缴的。广东、浙江、福建 2016 年基本养老保险缴费收入占全国的 17%，加权计算这三个省自主调降费率对全国的影响约为 1 个百分点，有条件的阶段性调降费率[10]影响 1 个百分点，合计 2 个百分点。考虑这些因素后国家标准降至 26%。

2. 城镇个体工商户和灵活就业人员参加基本养老保险的缴费比例为 20%，低于国家标准

《社会保险法》规定：无雇工的个体工商户、未在用人单位参加基本养老保险的非全日制从业人员以及其他灵活就业人员参加基本养老保险的，应当按照国家规定缴纳基本养老保险费，分别记入基本养老保险统筹基金和个人账户。《国务院关于完善企业职工基本养老保险制度的决定》（国发〔2005〕38 号）规定：城镇个体工商户和灵活就业人员参加基本养老保险的缴费基数为当地上年度在岗职工平均工资，缴费比例为 20%。城镇个体工商户和灵活就业人员在总参保人数中比重约为 1/4[11]，在社会工资总额中占比约为 17%，那么这部分人群的低费率对国家标准的影响约为 1.4 个百分点，综合前两个因素后国家标准降至 24.6%。

3. 收入超过社会平均工资 3 倍的人员实际缴费比例会低于标准，收入低于社会平均工资 60% 的人员实际缴费比例会高于标准

根据《全国住房公积金 2015 年年度报告》，2015 年缴存职工中，收入高于上年当地社会平均工资 3 倍的群体占 6.07%，收入低于社会平均工资的群体占 49.81%，中等收入群体占 44.12%。根据估算，高收入群体对国家标准费率的影响约为 1 个百分点，不过再考虑低收入群体

对费率的影响，二者相互抵消后影响假设忽略不计。

扣除上述三个原因的影响后，全国企业职工基本养老保险标准费率应该为 24.6%，也就是说当前 21.6% 的实际费率仍然偏低，这就是企业没有按照规定基数缴费导致的。换算成缴费基数的话，全国平均的缴费基数应该是上一年社会平均工资的 88%，而当前企业实际的缴费基数为上一年社会平均工资的 77%。

如果按照规定基数上缴社保费，企业的社保费成本相比现在要提高 14%。2017 年企业缴纳的社保费合计约 5 万亿元，也就是说，缴费基数规范化会增加社保费收入约 7000 亿元，其中企业承担 74%，个人承担 26%。调整至工业企业口径，将拖累工业企业利润总额下滑 3%。

个人社保费率标准为 10.5%，这个在各省市间差异度不大。缴费基数提升也会增加个人社保费的支出，虽然可以税前抵扣，但是仍然会降低个人的可支配收入。根据我们的测算，个人的可支配收入会降低 1.3%。

不同企业以及员工受影响程度不同，以前完全按照规则缴纳社保费用的企业不受影响，但是《中国企业社保白皮书 2018》中提到的 73% 的不合规企业就会受到影响，而且人为地把缴费基数降得越多的企业受这个政策冲击也就越大，例如未上市的中小企业受冲击程度可能就大于已上市的大企业。如果人为地把缴费基数调降至 60% 的下限，也就是《中国企业社保白皮书 2018》中提到的 31.7% 的不合规企业，那中性估计企业的社保费成本相比现在就会提高 47%。

（二）社保覆盖面可能扩大，意味着缴费范围的扩大

2017 年底参加城镇职工基本养老保险的在职职工约 2.9 亿人，对

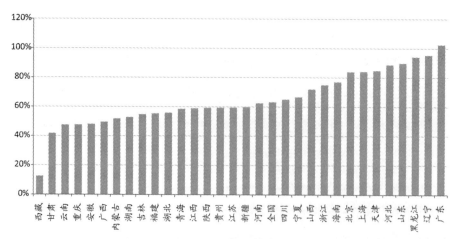

资料来源：《中国劳动统计年鉴2016》，Wind，中金公司研究部

图1　2015年城镇职工基本养老保险覆盖率

比 4.2 亿的城镇就业人员，覆盖率为 69%（见图 1）。根据劳动法第七十二条"用人单位和劳动者必须依法参加社会保险，缴纳社会保险费用"；根据社会保险法第四条"中华人民共和国境内的用人单位和个人依法缴纳社会保险费"；国发〔2005〕38 号文规定"城镇各类企业职工、个体工商户和灵活就业人员都要参加企业职工基本养老保险"。以上都显示社会保险是由政府主导建立、强制参与的，由税务部门征收社保费可进一步提高覆盖率。静态测算，覆盖率每提高 5 个百分点，将增加社保征缴收入约 4000 亿元，调整至工业企业口径将拖累工业企业利润总额下滑 1.5%。

以浙江和广东的情况来看，在改为地税全责征收社保费之后，参保职工人数加速增长。浙江省于 2006 年 8 月出台《关于推进社会保险费五费合征工作的意见》（浙政办发〔2006〕111 号），之后两年参加城镇职工基本养老保险的人数加速增长；2008 年 11 月 19 日广东省出台《社会保险费地税全责征收实施办法（暂行）》，之后两年参加城镇职工基本养老保险的人数也出现加速增长。

分省份来看，中西部的一些省份以及个体经济比较活跃的地区覆盖率较低，可能受这次政策影响比较大。前者如甘肃、云南、重庆、安徽等地，覆盖率不到50%；后者如江苏和福建，覆盖率分别为59%和55%，也不到全国整体水平。而广东和浙江已经由地税全责征收，受影响相对较小。

降税费的必要性与难点

高昂的社保费率相当于强制储蓄，会抑制实体投资和消费。世行数据显示，中国企业综合税负排名为12/189，其中社保税负排名2/189。高税费叠加严征收，增加了企业的负担，既不利于企业经营和投资，也

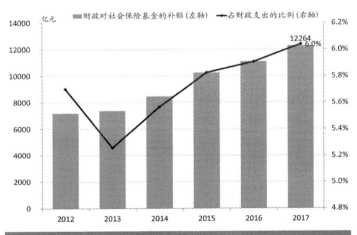

图 2 近年来财政对社会保险基金的补贴规模及占财政支出的比例

注：统计口径不含机关事业单位养老保险

资料来源：历年中央和地方预算执行情况和社会保险基金收支决算，Wind，中金公司研究部

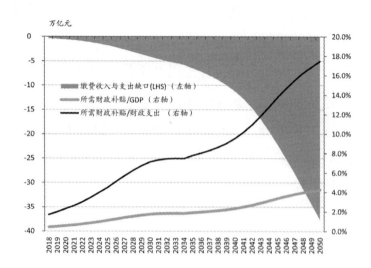

万亿元

缴费收入与支出缺口(LHS)（左轴）
所需财政补贴/GDP（右轴）
所需财政补贴/财政支出（右轴）

资料来源：Wind，UN Population，中金公司研究部

图3 企业职工基本养老保险支出缺口预测

降低了个人的可支配收入，不利于消费，在当前的宏观背景下负面影响更加突出。高质量地持续扩大内需必然要求降低"强制储蓄率"。

然而，在老龄化趋势下社保支出压力将陡增，这也是目前降税费停滞不前的主要原因之一。2013年以来，财政对社会保险基金的补贴占财政支出的比例逐年增加，2017年财政对社保基金的补贴约1.23万亿元，占到公共财政总支出的6%（见图2）。单从企业职工基本养老保险来看，2014年征缴收入已经小于支出，财政补贴连年增加，2017年补贴约4642亿元，占公共财政总支出的比例为2.3%。据测算，未来企业职工基本养老保险所需财政补贴占财政支出的比例每年将提升0.3 ～ 0.5个百分点，而且2030年以后补贴率将陡峭化提升（见图3）。在这样的背景下，降税费可能会进一步增加财政压力。

划转国资充实社保有助于实现
社保制度的公平性和可持续性

社保高费率是为了应对企业职工基本养老保险制度成立之初的空账运转。我国的社保制度是1997年后逐渐建立的,适逢国企改革进入攻坚阶段,针对下岗职工增多的情况,国务院做出了"两个确保"的重大决策,即"确保国有企业下岗职工基本生活"和"确保企业离退休人员基本养老金按时足额发放",但这部分欠账在当时并没有补缴或者通过财政充实,而是通过制定较高的社保费率,借"新人"的钱来养"老人"。这就使得一部分参保人群没有缴费或者仅缴纳了部分,但在退休后可以领取养老金,甚至还可以保持以前更高替代率[12],因此中国企业职工基本养老保险制度存在很长的转轨期和很重的历史债务包袱。

这样的历史包袱通过划转国资充实社保的方式来解决合乎情理。据测算,2018至2050年间,企业职工基本养老保险累计缺口的现值为56.6万亿元,相当于2017年GDP的68.4%,其中转轨成本占了近1/3,这也是我国目前以及未来十多年企业职工基本养老保险出现收支缺口的最主要原因。这些历史债务主要来自国企职工的养老金,通过划转国资充实社保的方式解决,有助于弥补转轨成本、实现代际公平、增强社保制度的可持续性。而且国有资本本应归全民所有,划拨国资充实社保不存在国有资产流失的问题。

划转国资充实社保可以"一石三鸟"。划转国资充实社保具有可行性和深远影响:第一,有助于推动国有企业深层次改革;第二,降低社保费率,缓解企业压力;第三,培养健康发展的资本市场。这项藏富于民的改革既是供给端的,也会是需求端的大变革,是提升中国消费率、降低储蓄率的制度性变革,对中国和世界经济都有深远的正面影响。

划转国资充实社保早在 2003 年 10 月就写进了十六届三中全会的决定中,2009 年正式实施《境内证券市场转持部分国有股充实全国社保基金实施办法》,按首次公开发行时实际发行股份数量的 10% 划转给社保基金。但是随着大型国企陆续上市,国有股转持政策的实质性意义越来越低。2017 年 11 月《划转部分国有资本充实社保基金实施方案》终于落地,明确划转目标是弥补因实施视同缴费年限政策形成的企业职工基本养老保险基金缺口,划转比例为 10%,2017 年试点先行,2018 年及以后分批划转。不过目前的进度却较为缓慢,10% 的划转比例也不足以弥补所有的转轨成本,还有待提升。

划转国资充实社保为降税费打开空间

划转国资充实社保使得下调社保费率成为可能。分红收入令社保基金每年都有稳定的资金来源,可以用于投资运营,增强保障能力,在人口老龄化高峰时期用于养老保险等社会保障支出的补充和调剂,这是社保基金的使命,也相当于弥补了降费率后社保征缴收入的减少。2017 年底,国有非金融和金融企业所有者权益合计 75 万亿元,假设市净率为 1 倍,分红收益率为 3%,每划转国资约 4 个百分点可支持费率调降 1 个百分点。另外,从广义角度看,粗略匡算中国历史上固定资本形成累积的存量约为 224 万亿元,其中国有部分的所有者权益也可以考虑纳入划转国资充实社保的范畴。

加强投资运营管理，提高资本配置效率，这样划转国资对降税费的正面影响还会超出上述估算。提高资金使用效率是解决养老问题的优选之策，把资金聚集起来实现长期回报最大化——这也是养老基金的投资目标，再加上"复利"的作用，保障能力就会越来越强。划转国资充实社保也是同样的道理：一方面可以调整国企股权结构，通过股权多元化激发国企活力，社保作为大股东也有助于推动国企深层次改革，建立现代企业制度，改善公司治理结构，并使全民共享国资收益和改革红利；另一方面，社保基金可以发挥其资本管理的专业优势，盘活存量资本，提高资本效率，实现资本的保值增值，壮大社会保障战略储备。随着规模和影响力的壮大，社保基金也有望成为我国资本市场规模最大、最专业、最稳定的长期投资者，有助于资本市场的健康发展。

注：

1. http://www.mohrss.gov.cn/SYrlzyhshbzb/rdzt/syshehuibaoxianfa/bxffaguijijiedu/201208/t20120806_28572.htm.

2. http://www.chinatax.gov.cn/n810341/n810765/n812188/n812930/c1200351/content.html;

http://www.xinhuanet.com/fortune/2016-12/27/c_1120192491.htm.

3. http://www.gdhrss.gov.cn/gfxwj/11394.jhtml;

http://www.gd-n-tax.gov.cn/uploads/gdltax/download/zh/sbh105.pdf.

4. http://www.xm-l-tax.gov.cn/xmdscms/content/552.html.

5. http://www.zhejiang.gov.cn/art/2017/10/25/art_12881_294657.html.

6. http://www.gov.cn/xinwen/2017-08/28/content_5220948.htm.

7. http://www.szsi.gov.cn/sbjxxgk/tzgg/simtgg/201802/t20180205_10767179.htm.

8. http://www.xm-l-tax.gov.cn/content/9533.html.

9. http://www.zjhz.lss.gov.cn/html/zwzx/zwdt/78939.html.

10. 参见《关于阶段性降低社会保险费率的通知》（人社部发〔2016〕36号）、《关于继续阶段性降低社会保险费率的通知》（人社部发〔2018〕25号）。

11. http://www.gov.cn/zhengce/2018–06/13/content_5298478.htm.

12. 替代率指退休时的养老金占退休前工资收入的比例，是反映保障程度的关键指标。

（本文原载于《债券》2018年10月刊）

下篇／金融与债券市场

JINRONG YU
ZHAIQUAN SHICHANG

PPP 模式在中国的规范化问题

厉以宁

近年来中国也在开始做 PPP，而且进展很快。但中国在开展 PPP 的过程中带有一些"中国的特色"，这种情况很可能不符合国际上 PPP 的要求。还有的地方是先试验之后再逐步规范化。

PPP 对于中国下一步改革是有很大帮助的，关键就是规范。我们在一些城市曾对民营企业进行过调查，问这些企业为什么不投入 PPP 项目中？这些企业的回答很清楚："我们有顾虑，其中最大的顾虑是如果地方政府换人了，我们以前建立的这种合作又要重新开始。就是说一旦领导换了，PPP 怎么办？"实际业务中我们发现的确存在这种问题，这是第一个顾虑。

有些地方政府以及很多企业还有另外一些顾虑，就是民间资本或民营企业参股后能不能退出？能否有渠道将股份转让出去？因为每个人对于 PPP 前景的看法可能不一样，有些民营企业不看好 PPP 的前景

本文根据作者在"引领新常态　创新 PPP 发展理论与实践高层对话暨北京大学政府和社会资本合作（PPP）研究中心成立大会"上的发言整理而成。作者系著名经济学家。

了，要退出怎么办？中国目前还没有完善的机制与渠道，但是在国外是可以的，可以通过市场来解决，如果你打算卖，就有人买。上述是民间资本的第二个顾虑。

第三个顾虑是在PPP模式中，地方政府能否通过发行地方政府债券的形式筹集政府资金。对于这一点，各方是有争议的。地方政府如果通过这种方式筹资，用什么来偿还？能不能偿还？地方政府债务违约率是多少？民营企业担心的是如果地方政府出现债务违约，可能会将债务统统归到民营企业头上，就是说地方政府发债反而会引起民营资本的恐慌。这就是因为PPP不规范，民营企业会担心偿债资金来源以及未来的债务风险问题。

还有第四个顾虑。PPP在国外通常分为两个阶段：第一个阶段是建设阶段，第二个阶段是经营阶段。第一个阶段是试验型的，要进行建设，一些民营企业其实对项目前景还是不大看好的，但是也在承担着风险参与出资建设。当进入第二个阶段时，项目公司通常会改成股份制。在国外通常是这样，第二个阶段重在经营，政府可以把自己的投资进行出让，所以在改成股份制时，民营企业有些担忧：进入经营阶段后，形势看好了，政府却可能不跟民营企业合作了，而是把项目拿到国外去招商，请国外资本来做。因为国外资本通常比民营资本实力强、出资快，所以民营企业担心真正到经营阶段之后，就不会让他们继续做了，也分享不到收益了。他们说政府与民营企业共患难可以，但共安乐就难以实现了，因为政府要把合作机会转给国外资本、国有企业了。我们假定第二个"P"（第一个"P"是政府，第二个"P"是企业）都是国有企业，或者是国有企业改制后的混合所有制企业，如果这类企业法人治理结构不健全，董事会也起不到作用。要想法人治理结构健全，必须是真正独立的公司、独立的市场主体，这也是 PPP 发展过程中应该注意的问题。另外，民营企业还有一点担心就是政策多变。如果国有企业人事变动或者主管部门的政策变了，规则没有了，那么项目的经营管理会好吗？经营就可能会亏损。

以上四个顾虑是我们调查中发现的，说明一个问题很重要，就是中国的 PPP 是有前途的，但一定要规范化。要实现规范化，就要先有条例，再有法规，再有法律，一定要按步骤进行。到了有法律的阶段，这些问题就解决了。

（本文原载于《债券》2017 年 9 月刊）

中国宏观经济和债券市场前瞻

高坚

对宏观经济的看法

（一）中国经济将继续保持强劲的增长趋势

中国经济已经逐步稳定下来，并将继续保持强劲的增长趋势。2016年四季度 GDP 增长达到 6.8%，2017 年一、二季度经济增长继续回升，均达到 6.9%。如果经济政策仍然是积极主动的，预计 2017 年三季度仍将保持较高水平。虽然相对紧缩的货币政策和各监管机构的联合监管行动以及一系列去杠杆措施会对短期经济造成一定的影响，但近期的数据表明，经济仍然是稳步增长的趋势。

2017 年 6 月统计局发布的制造业 PMI 为 51.7%，自 2016 年 8 月以来已经连续 11 个月达到 50% 以上；财新制造业 PMI 在 6 月重回 50%以上。固定资产投资增速企稳，民间投资增速触底反弹，从 2016 年末低至 3% 转为 2017 年 5 月的 6.8%。得益于出口商品价格下降和人民

本文作者系国家开发银行原副行长。

币汇率趋于稳定，近几个月贸易顺差持续。通货膨胀仍然在低位震荡，PPI逐渐从高位开始回落。

（二）经济增长质量提升，国际竞争力增强

根据《2016—2017年世界竞争力报告》，中国的竞争力排名在28位。同时，研发部门投资规模和专利申请数量向世界领先水平迈进。2016年，中国专利申请数量短时间内赶上美国，虽然每百万人专利申请数和韩国、日本及美国相比还有差距，但显著高于俄罗斯、巴西、土耳其等人均收入可比国家。在政府政策和市场选择的共同作用下，新兴产业和传统产业的增长率在2015年底逐渐出现分化，新兴产业增速更快。计算机、通信和电子的工业增加值增速在各行业中保持领先，汽车制造业的增速也处于高位。此外，工业机器人、光伏产业、智能手机、智能电视、集成电路、光电子器件、SUV、清洁能源汽车等新兴行业都保持较高速度的增长。

中国经济结构转型取得较大进展。消费逐渐成为经济增长的主要动能，服务业特别是生产性服务业加速明显，地区差异不断缩小，城市化进程稳步推进，产业转型和专业升级依然维持着不断改善的趋势。

尽管近期中国的经济增长速度在7%以下，但仍然是对世界经济贡献最大的经济体，在和新兴市场国家比较中依然保持领先地位。

对宏观政策的看法

（一）积极的财政政策和稳健的货币政策

财政政策方面，2016年我国预算赤字与GDP之比为3%，低于市场预期；如果政府扩大基础设施投资，预计2017年赤字率会上升到

3.5%。同时，税收改革有望继续延续。基本设施投资增加和税收改革的双重影响，将增加政府债务压力。

货币政策方面，在资产泡沫上升、资本外流压力增加以及金融去杠杆的共同作用下，基准利率很可能继续上升。央行近期公开市场操作利率已经有一定程度的上升。随着稳健中性货币政策的落实，2017年6月份M2余额增长率仅为9.4%，已连续两个月增速低于10%。货币政策从宽松转向中性，将对经济造成短期影响。

（二）监管机构去杠杆

中央为去杠杆不断加强监管，监管机构相继出台政策，旨在打击不规范的影子银行等业务和市场行为。

根据央行的指导，监管部门协调配合防止监管套利，控制表外交易规模，提高入场门槛，以稳定金融市场和经济大局。近期银行贷款余额增长率连续3个月维持在12.9%，就是金融系统降低内部杠杆的客观结果。

（三）对汇率及市场利率的预测

美联储加息支持美元走强，使人民币汇率一度下跌至接近7元/美元，近期有一定的升值，但是未来一段时间人民币汇率还会随着国内外经济的变化有所波动。

在收紧货币政策和金融去杠杆共同作用下，短期内同业拆借利率和国债收益率有所上升，但是央行近期对资金面维稳的意图非常明显，预计在央行的呵护下，银行体系流动性出现系统风险的可能性不大。

中国经济所面临的挑战

一是企业债务居高不下，不良贷款有所上升。中国整体债务占 GDP 的比重保持较高速度的增长，虽然仍然大大低于大多数发达经济体，但是中国非金融机构债务占 GDP 比重是全球最高的。不良贷款率从 2013 年四季度开始上升，近几年国有商业银行不良贷款率高于股份制银行，股份制银行不良贷款率的增速高于国有银行。

二是地方政府债务整体可控，但相关风险仍不容忽视。日益突出的债务问题特别是公司债问题应该引起足够重视。

三是中美关系的不确定性对中国经济也有一定的潜在风险。虽然中美关系在两国首脑会谈后有所改善，但美国仍然将中国视为潜在对手，保持着高度警惕。

四是资产泡沫值得关注。房地产市场依旧火爆，近期出现量价齐升的局面，部分地区房价依然保持较大幅度的增长。

五是结构化问题依然存在。国企改革仍然处于初期阶段；各要素市场还没能全面对外开放，国际化程度不够；中央和地方的二级监管容易引起过度监管；中央政府虽然做出很多努力，但是对于混业经营的新金融业态的监管还需要进一步提升。

虽然中国经济依然面临诸多问题和潜在风险，但是我们应该对中国经济的长期增长保持乐观态度。劳动、资本、技术、资源和制度等实际变量将驱动中国经济的长期增长。短期来看经济受到各种名义变量的影响，会有所波动。

总体来说，中国经济增长速度长期低于潜在增长率。2017年货币政策存在两难选择——如果保汇率，就会提高利率；如果保经济增长，汇率存在一定贬值压力。预计2017年GDP增速应该在6.7% ~ 7%，因为经济结构调整持续推进，新兴产业蓬勃发展，创新投入不断增加，中国经济增长的质量迅速提高。

对债市发展和金融深化的看法

中国债券市场不断发展完善，国际化步伐进一步加快。银行仍然占据我国市场的主导地位，但其影响力将随着经济结构的变化不断削弱，债券市场逐渐成为企业重要的融资渠道。内地与香港的"债券通"于2017年7月3日正式开放，意味着内地和海外投资者可以借此买卖两个市场的债券，为我国债券市场国际化发展迈出了重要的一步。目前，金融债余额规模不断扩大，已经超过国债成为最大的债券品种；地方政府债券增速加快；同业存单的发展速度也非常惊人，已成为银行重要的流动性管理工具。债券市场的活跃品种日益丰富。

2017年7月中旬召开的全国金融工作会议释放出维持金融稳定发展的信号，这对金融改革、金融发展和金融创新以及防范风险长期利好。会议指出要设立国务院金融稳定发展委员会，这一举措意义重大，其中有稳定也有发展。

（一）金融市场的结构性变化

金融发展是债券资本市场发展的重要机遇。全球金融危机以后，欧洲、日本等以银行为主体的金融体制显现出很多弊端——银行体系是间接融资，而以资本市场为主体的金融体系更有效率。中国长期以来也是以银行体系为金融市场的主体，未来也将朝着以资本市场为主体的金融体系发展。

随着利率市场化进程的推进，国内存贷款利率放开，从 2016 年开始银行由于有存贷款利率的竞争，利差变小，利润率大幅度下降。很多银行都采取混业经营的办法，收购证券、保险、信托、租赁、资本管理等其他类型金融机构，这也预示着原有以存贷款业务为主体的金融结构和模式不再适应新形势下的经济发展。

近几年在债券资本市场上，信用债市场出现了迅速发展。传统上我国债券市场以国债为主，后来发展到以政策性金融债和其他金融债为主，下一步很自然地向公司债、企业债为主的方向发展。

尽管信用债市场快速发展，但也应注意到，现在信用债市场很大程度上就像一个贷款市场，发行信用债要求进行抵押、担保，不是一个纯粹的信用市场。这在很大程度上限制了中小企业和民营企业的融资，信用债市场不能很好地发挥金融市场的功能。

出现这种情况有历史原因。自 2000 年以后的约 10 年间，中国经济呈两位数增长，各项贷款都有需求，所以银行通过抵押、担保对借款人本身信用评级进行评定和项目选择。但是对于项目自身的效益，银行不需要花很多工夫去详细了解。

在经济结构转型时期，总需求开始相对下降并逐渐企稳，银行对项目的选择就会遇到困难，特别是对新兴产业的评估，对于银行是一个很大的挑战。银行用原有放贷模式去评估双创产业、高科技产业，就会出现不适应。这就催生了一个新的产业——基金管理人，特别是私募股权机构（PE）、风险投资机构（VC）随之兴起。随着金融体系脱虚向实，要有更多的人会看项目，基金管理人产业一定要发展。

同时，债券资本市场特别是信用债市场的发展，固定收益产品的增加，使得很多基金管理人可以做产品组合，组合成风险稳定、回报相对比较高的产品，或者是回报固定但是风险比较小的产品，来满足不同投资者的需求。这一变化的深远意义在于，原来我国亿万股民直接投资股票，但他们既不懂金融也不懂经济、产业，未来他们将逐渐变成购买基金产品的投资人。股市、楼市从以个体投资者为主要投资对象转变为由各种固定收益基金产品来投资，会促使股市、楼市相对稳定，避免出现这些年来的大幅度波动。

（二）国际化进程的推进

债券资本市场是人民币国际化重要的节点。人民币国际化需要资本项目对外放开，其中最重要的是人民币债券市场的国际化。外国投资者进入中国资本市场，需要流动性最好且和全球市场连通的市场，一旦有风险，很快可以变现。比如2007年美国出现次贷危机，全球投资人却都在买美元资产，不是因为美国经济好，而是因为美元资产流动性最好。内地与香港的"债券通"于2017年7月3日正式开放，是我国债券市场国际化发展迈出的重要一步。

（三）发展阶段及展望

中国债券市场乃至金融市场的发展，可以分为四个阶段。第一阶段，1990年以前基本没有金融市场，金融资源由政府全面调动，利率很低，用于重点建设，所以叫"金融压抑"。第二阶段，1990年以后逐渐出现交易所、国债市场，有金融市场但还处于初级阶段，金融市场扩大参与者范围、增加品种，市场不断发展。特别是到20世纪90年代末、2000

年初，金融方面不断推出新的法律，市场的监管有了新的依据。第三阶段是利率双轨制阶段，市场化的债券利率和计划的存贷款利率并行。到2010年逐渐把存贷款利率放开，我国进入了第四个阶段，特点是金融市场深化。金融市场的深化和发展是防范金融市场风险最重要的手段，而金融市场的创新和风险防范相辅相成，没有创新就不能发展。

应当认识到，金融市场中应该存在投机，这和套期保值是相对应的一对投资方式，这些基本的市场功能不能缺少。但是对于金融市场中的各种监管套利、违规等行为，是要管住的。对二者要区分开来。

发展、创新、防范金融风险，三者相辅相成。在这样的认识下，在金融市场不断发展的背景下，相信中国的债券市场一定会给中国金融市场的稳定和发展带来新的契机。

（本文原载于《债券》2017年8月刊）

中国债券市场
——机遇与挑战

Leslie Maasdorp

债券市场是多边开发银行的主要融资渠道。目前,世界银行、亚洲开发银行、国际金融公司等开发性金融机构都通过发行各类债券,积极参与债券市场。金砖国家新开发银行作为新成立的多边开发银行,有幸能参与中国的债券市场。

过去 20 年间,中国债券市场经历了强劲的发展,时至今日,债券市场正站在十字路口,机遇与挑战并存。

绿色债券市场是中国债券市场发展的重要机遇

世界上第一只绿色债券是由世界银行在 2007 年发行的。2015 年,全球绿色债券市场规模约 400 亿美元;到 2016 年,这个数字增加至 800 亿美元;而 2017 年,绿色债券市场规模可能会达 2000 亿美元。金

本文作者时任金砖国家新开发银行副行长。

砖国家新开发银行也于去年在中国发行了其第一只绿色债券，得到良好的市场反馈。

2016 年，中国成为全球发行绿色债券规模最大的国家，未来必将在绿色债券市场的政策制定和管理机制建设上发挥重要作用，引领绿色债券市场的发展方向。

事实上，经历过去 25 年的高速增长，中国政府近年来更加关注经济的绿色和可持续发展。2015 年 12 月，中国人民银行发布《绿色债券发行指南》，此后绿色债券市场迎来蓬勃发展。2016 年，中国政府在其主办的 G20 峰会上也做了关于绿色金融的重要表述，中国人民银行成立了绿色金融研究小组，中国政府对绿色经济做出了强有力的承诺。此外，中国还重视清洁能源投资，其在清洁能源的投资额超过美国、英国和法国的总和，成为全球最主要的清洁能源投资国。这些举措都将更好地支持绿色债券和绿色金融市场。中国将继续引领绿色金融的创新和发展。

中国债券市场的境外投资者占比仍较低

从全球来看，以世界上最发达的经济体美国为例，境外投资者在债券市场的占比超过50%。在亚洲及其他新兴市场经济体中，如马来西亚、日本、韩国，这个比例也在两位数。而中国债券市场的外国投资者占比仅有 2% 左右。因此，对中国来说，要创造良好的市场环境，让更多的外国投资机构来参与中国的债券市场。

具体来看：

一是继续开放债券市场。实现人民币国际化是政府的重要目标，但这也是一个渐进的过程。当前，人民币被国际货币基金组织（IMF）纳入特别提款权（SDR）篮子，开放债券市场的行动有必要继续，这将产生很多益处，中国的债券指数被纳入国际债券指数便是其中之一，这将对提升债券市场需求产生很大作用。

二是完善本土评级机制。中国国内的评级机制与国际上有很大差异，例如国内评级机构的债券评级总体偏高，有逾70%以上的债券发行人获得AA级及以上评级，只有很小比例的债券发行人获得BBB级以下，这在国际上并不常见。事实上投资者在看中评级级别的同时，也很重视评级质量及发行人企业的质量。所以要深化中国债券市场对境外投资者的影响力，本土评级机制需要进一步完善。

三是提升金融基础设施的作用。在债券市场逐步开放的过程中，提升金融市场基础设施的作用非常重要。近期债券通的推出可以说是债券市场改革的重要一步。它推出的意义不仅在于能够让境外投资者利用通过债券通平台投资在岸债券市场，也在于它能够促进国际上的优秀实践应用到本地交易当中。随着债券通的推出，未来中国债券市场将对境外投资者更具吸引力。

中国债券市场仍待完善

中国债券市场仍有几个方面可以进一步完善如国内债券市场投资者集中度高，以商业银行为主，市场投资者结构亟待多元化，也需要更多外资机构参与中国的债券市场。根据我们的预测，如果债券市场可以实现让更多境外投资者进入，未来债券市场将吸引1.5万亿美元境外资金流入，约占债券市场总规模的10%左右。另外，中国的债券市场规模还需继续扩大，其目前占 GDP 的比例仍然较低，只有 75% 左右，相比来说，日本债券市场规模是 GDP 的 300%，其他发达国家也在 120% 以上、150% 或 200% 的水平。

当前，中国债券市场正处在很好的发展时刻。中国成为世界第二大经济体，人民币纳入 SDR 货币篮子，都为人民币国际化带来很多机遇。这也要求中国债券市场把握机遇，完善机制，面向未来。

（本文原载于《债券》2017 年 8 月刊）

新一轮金融开放　机遇大于挑战

张承惠

今年 4 月 10 日，习近平主席在博鳌亚洲论坛上宣布了大幅度放宽市场准入、创造更有吸引力的投资环境、加强知识产权保护、主动扩大进口四项扩大开放的重大举措。这是中国入世以来对外开放的又一次重要决策。之后人民银行和银保监会、证监会分别公布了金融开放的具体措施和实施细则。本文拟分析扩大金融开放新措施可能产生的效果、中外资金融机构的优劣势所在，以及新一轮开放给我国金融领域带来的挑战和机遇。

扩大金融对外开放新措施的具体分析

4 月 11 日，人民银行易纲行长宣布了 12 项扩大金融对外开放的重大措施和时间表，核心是放宽外资金融机构的市场准入和经营范围，具体如下：

本文作者系国务院发展研究中心金融研究所原所长。

（一）近期实施的六项措施

第一，取消银行和金融资产管理公司的外资持股比例限制，内外资一视同仁；允许外国银行在我国境内同时设立分行和子行。

根据《中华人民共和国外资银行管理条例》（2014年11月修订，以下简称《条例》）的规定，中资银行和金融资产管理公司的外资单一持股比例不得超过20%、合计持股比例不得超过25%。这一规定在很大程度上限制了外资金融机构的经营能力，不利于建立更市场化的公司治理结构。对外资入股银行和金融资产管理公司实行国民待遇，意味着外资有更大的空间发挥其在公司治理、发展战略、风险管理等方面的优势。同时，由于目前中国在民营银行、农商行、村镇银行等领域还存在股比限制[1]，在规定修订之前，外方也必须遵守这些规定。

另一方面，根据《条例》规定，"外国银行分行改制为由其总行单独出资的外商独资银行的，经国务院银行业监督管理机构批准，该外国银行可以在规定的期限内保留1家从事外汇批发业务的分行"。这意味着外资银行分行转为子行以后，基本不能再设立分行。此次开放决定取消了这一限制，放大了外国银行的经营空间。

第二，将证券公司、基金管理公司、期货公司、人身险公司的外资持股比例的上限放宽到51%，三年以后不再设限。

此项措施意味着外资可由此前的参股中资金融机构变为控股。以人身险公司为例，中国入世时承诺允许外资持有（不得超过）50%的中国人身险公司股份。结果造成合资寿险公司均采用中外资50：50的股权结构，而这种结构在实践中被证明是效率最低的治理结构。由于外方股东和中方股东谁说了都不算，在公司战略、经营策略、绩效考评、人事调整等重大问题上往往议而不决，极大地影响了公司经营活动和效率，成为部分人身险公司外方股东退出的主要原因。除了改革开放初期引进的美国友邦公司以外，目前中国还没有一家真正意义上的外资人身险公司。多年来，股比问题始终是中外经贸谈判的一个焦点。此次放开坚持了多年的股比限制，不仅是向国际社会表明中国开放的决心，也证明经过多年改革开放，中国金融业具备了进一步开放的条件和实力。

第三，不再要求合资证券公司境内股东至少有一家是证券公司。

鉴于目前我国证券公司数量总体偏少（截至 2017 年末我国只有 131 家证券公司，仅为日本券商数量的一半），取消上述限制，将有利于外资券商寻找中资合作伙伴，提高外资机构进入中国证券业的便利性。

第四，从 5 月 1 日起把互联互通每日额度扩大四倍，即沪股通及深股通每日额度从 130 亿调整为 520 亿元人民币，港股通每日额度从 105 亿调整为 420 亿元人民币。

扩大沪深港通每日交易额度，意在进一步完善内地和香港股市的互联互通机制，扩大股票市场的双向开放，提升 A 股市场的流动性和国际影响力。2017 年 6 月，美国指数编制公司摩根士丹利资本国际公司（MSCI）宣布，从 2018 年 6 月开始将中国 A 股纳入其新兴市场指数和全球基准指数。有机构估计，此举将有可能给 A 股市场带来 110 亿 ~ 150 亿美元的资金。调整沪深港通额度限制将有效应对成交金额骤增的压力，增强投资者的信心，扩大交易量。

第五，允许符合条件的外国投资者来华经营保险代理业务和保险公估业务。

此项措施拓展了外资在保险中介服务领域的经营范围，有助于解决当前保险代理和公估行业存在的从业人员素质不高、缺乏专业人才、缺少公信力，以及规模小、实力弱、地域分布失衡等问题，提高保险中介行业的服务质量和效率。

第六，放开外资保险经纪公司的经营范围，与中资机构一致。

此次开放之前，外资保险经纪公司仅被允许经营国外再保险经纪业务。经营范围狭窄导致外资机构动力不足，也限制了保险经纪领域服务能力和水平的提升。放开经营范围之后，外资保险经纪公司可以发挥其专业优势，为中国客户提供保险计划和风险管理方案、选择承保公司、办理投保手续、代理索赔等服务，同时也有助于提升中国保险经纪行业的整体水平。

（二）今年年底以前将推出的措施

除了以上六项措施以外，今年年底以前中国还将推出鼓励在信托、金融租赁、汽车金融、货币经纪、消费金融等银行业金融领域引入外资；对商业银行新发起设立的金融资产投资公司和理财公司的外资持股比例不设上限；大幅扩大外资银行业务范围；合资证券公司业务范围实现内外资一致；取消外资保险公司设立前需开设 2 年代表处的要求，以及开通"沪伦通"等六项措施。这些措施将进一步加大中国金融领域对外开放的力度，降低外资进入门槛，提升外资机构在中国市场开展业务的便利度，推动中国金融服务业的市场化竞争。同时也有利于提高我国金融市场的活跃度，改善金融服务。

对于上述开放措施，外资机构的反应是非常积极和迅速的。作为全球三大保险经纪集团之一的英国韦莱保险经纪公司已对银保监会提交了变更经营范围的申请。日本野村控股株式会社、摩根大通、瑞士银行等都已经向监管部门提交拟将旗下证券公司或基金公司的持股比例增至51%的申请。这些动作既表明中国金融市场对外资金融机构有着巨大的吸引力，也显示出外资机构对中国进一步开放金融业和金融市场的期待。

中外资金融机构优劣势比较

（一）优势比较

相对于本土金融机构而言，外资金融机构的竞争优势主要表现在：

第一，稳健经营的文化和多年积累的、较强的风控能力。与过去几十年追求规模、速度的中国本土金融机构不同，外资机构和股东大多更加重视发展质量和效益，经营行为也更加谨慎。因此在相同的条件下，外资金融机构的资产负债表管理能力和盈利能力可能更强。2017年四季度，外资银行的平均不良率仅为0.7%，远低于中国银行业1.74%的平均水平。

第二，资金优势。一些外资跨国金融集团经营历史悠久，资本金雄厚，在国际市场筹资成本较低。因此，较本土金融机构而言，除了中资大型银行以外，具有明显的资金优势。

第三，吸引人才能力强。外资金融机构普遍采用市场化薪酬机制，并在全球配置资源，可以为金融专业人才提供更多的发展机会和更加开阔的视野。相比之下，大中型中资金融机构高管大多被限薪，同时业务重心主要是国内市场，对人才的吸引力显然弱于外资机构。

第四，拥有全球市场经验。因此在资金运作、业务拓展、客户服务等方面具有优势。相比之下，中资金融机构"走出去"时间不长，缺少国际金融市场运作经验，海外拓展业务能力和获利能力均低于外资大型跨国金融集团。

第五，市场化程度高，无须承担政策性业务。相比之下，中资金融机构大多在不同程度上负有配合政府政策的义务，如银行信贷需满足"三个不低于"要求、扶贫、不得支持产能过剩行业等。此外，中资金融机构还受到较强的监管约束，如合意贷款控制等。

（二）劣势比较

外资金融机构的竞争劣势主要是：

第一，在中国市场筹资的资金成本较高。由于中国尚未放开资本项目管制，外资金融机构在中国开展业务的资金需从中国市场筹集。由于外资机构在中国的资金渠道较少，利用同业市场和发债等筹资渠道成本较高。相比之下，中资金融机构融资渠道较多（如财政存款、代理政策性业务、吸收居民存款等），融资便利性好于外资机构。

第二，缺少拓展业务和市场的人脉关系。相比之下，中资金融机构长期耕耘于本土市场，有着深厚的人脉资源网络。同时，由于中外客户和金融机构在理念和风控文化等方面存在错位，使外资机构开拓中国业务相对困难，也难以准确识别风险。

第三，业务模式有待本土化。由于中国客户的特点和金融服务需求与外国客户在消费习惯和消费文化等方面均有很大不同，中国金融市场发育程度也与西方国家存在着阶段性差异，在国外成熟的业务模式不一定能够照搬到中国市场，外资金融机构在业务模式本土化方面还有较长的一段路要走。特别是在总部与中国分支机构的协调方面，外国金融机构高层往往很难理解中国市场，因此，经常会在业务方向、重点、渠道等问题上产生重大分歧，进而影响其经营效率。

中资金融机构面临的挑战和机遇

（一）挑战

中国加入 WTO 以来，外资在金融领域并未取得明显优势。2007 年外资银行资产 1.25 万亿元，占比 2.36%；2017 年外资银行在华总资产达 3.24 万亿元，市场占有率下降至 1.32%。即便在国际金融中心上海，外资银行资产占比也刚刚超过 10%。2016 年外资银行的资产收益率仅为 0.44%，不足银行业平均水平的一半。保险业外资占比自 2005 年达到峰值（8.9%）后逐步降至 2016 年的 5.6%，其中外资寿险占比 7.43%，外资财险占比 2%。这些数据是否可以证明外资金融机构在中国没有竞争力？笔者认为并非如此。

造成上述现象的重要原因是中国对外资金融机构存在一些显性和隐性的限制。除了限制外资的持股比例以外，在业务活动上也存在诸多约束。例如 2014 年 11 月修订的《外资银行管理条例》规定，拟设分行的外国银行在提出设立申请前 1 年年末总资产不少于 200 亿美元、外国银行分行应当由其总行无偿拨给不少于 2 亿元人民币的营运资金（其中人民币营运资金不少于 1 亿元人民币）、外国银行分行不得经营中国境内公民人民币业务等。这些政策壁垒在很大程度上束缚了外资金融机构的手脚，使其难以与中资机构开展实质性竞争[2]。

在公平竞争的环境下，外资对中资金融机构的挑战能力将显著上升，主要表现在以下方面：

第一，对风控能力的挑战。外资金融机构，无论是公司治理还是业务发展都相当稳健，很少出现风险事件。反观中资金融机构，由于没有经历过真正的金融危机洗礼，风险意识和风控机制还存在较大欠缺。近年来，在同业、资管、表外业务等方面进行的大量创新和不断加杠杆，使得巨额资金或者流向高风险领域，或者在金融机构之间空转，造成资产负债期限严重错配，加大了经营风险。在逐步消除国家信用隐性担保的情况下，一旦风险暴露，很可能对中资金融机构产生致命的冲击。

第二，对中资机构海外盈利能力的挑战。发展海外市场，有利于国内外两个市场的资源调配和优势互补，有利于更好地服务于客户和提升综合竞争能力。但是与外资金融机构相比，中资金融机构的海外市场扩张能力仍然较弱。由图1可见，尽管近年来中资银行加快了"走出去"的步伐，但是在海外市场的竞争力和资源配置效率还较低，海外利润占比仅为10%左右，远低于外国跨国金融集团50%以上的水平。

第三，对中资金融机构产品创新能力的挑战。以保险为例，目前外资保险公司在癌症保险、长期护理险等方面已经具备了丰富的经验，而这些海外市场比较成熟的产品，对中资保险公司来说还是新产品，产品开发能力和售后管理能力均不足，难以应对外资保险公司的竞争。

第四，对中资金融机构内部激励约束制度的挑战。如前所述，外资金融机构在人才竞争方面具有一定的优势。在未来优秀人才的争夺战中，中资金融机构要想立于不败之地，就要加快调整绩效考核和激励约束机制。

第五，对金融监管部门的挑战。随着对外开放力度加大和外资金融机构数量和规模的增加,原有监管方式、工具是否仍然适用值得深入研究。例如,如何解决中资金融机构因负有政策性职能而与外资机构不能平等竞争的问题?合意贷款规模管理办法是否适用于外资银行?如何有效监管国内外市场联通程度提高可能带来的非法套利行为?如何防范可能带来的市场波动性加大风险?等等。客观地说,目前我国金融监管中监管越位、缺位、不到位的问题仍然存在,金融监管的效率还有待提升,金融领域的市场化改革尚未完成,法律法规以及消费者(中小投资者)保护机制尚不健全。如何尽快创造一个公平竞争的环境,支持中资金融机构在市场竞争中成长,是金融管理部门和监管部门必须面对的重要课题。

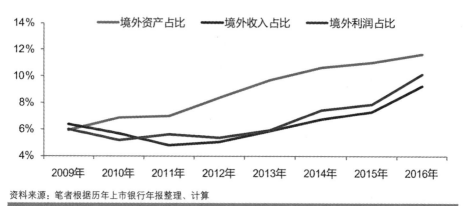

资料来源:笔者根据历年上市银行年报整理、计算

图1 工农中建交、招商、中信推进国际化战略的情况

(二)机遇

金融开放给中国金融业带来的机遇主要表现在以下方面:

首先,外资进入有利于形成多元化的竞争格局,其带来的竞争压力也有利于中资金融机构建立更加市场化的公司治理结构,加快经营转型。通过引入外资股东的风控体系和金融产品体系,深化与外资机构在

金融产品及服务上的合作，也有利于提升中资金融机构的服务水平和能力，提高金融效率。

其次，加快开放有利于中资金融机构更好地理解海外市场文化、规则，了解海外市场、产品、服务，拓宽视野，从而推动中资金融机构提高"走出去"和国际化的质量，进一步促进中国资本市场国际化。

最后，加快开放将增加中外金融机构之间人才、信息等资源的交流，有利于中资机构优化员工队伍和组织架构，整合内部运营流程，以及改进管理机制。

综合来看，新一轮金融开放对中国金融市场和金融服务而言是机遇大于挑战，利大于弊。因为外资金融机构的进入将优化竞争结构，加快国外成熟金融产品的引入，提升资本市场的交易量和流动性，改进对企业和个人的金融服务质量。

但是对于中资金融机构来说，外资带来的挑战不可小觑。从银行业看，大银行拥有雄厚资金实力、品牌以及国家信用；在小银行的业务领域（地方金融、中小微金融），外资银行容易水土不服，因此短期内直接冲击不大，但中长期竞争压力会逐渐加大。对于证券业来说，未来的竞争可能集中于投行、财富管理等利润丰厚的领域，以及海外市场业务；业务比较单一、渠道相对狭窄的中小券商的生存空间将进一步被压缩。对于保险业来说，尽管短期内对财险业冲击不大，但以车险为主和以价格竞争为主的业务模式已经不可持续；在农业保险、健康险、再保险、保险中介等领域，中资保险机构面临实力弱、专业能力不足、风控机制不健全等问题，竞争力不强；大型寿险公司由于在资金、客户、科技等方面实力较强，因此相对安全。尽管如此，产品、服务和风控仍是中资寿险公司的软肋，而中小寿险公司有可能在竞争中首先感受到压力。

面对挑战，中国金融业需要进一步深化改革，加快转型和战略调整，尽快提升资产负债表管理能力和风控能力，推动产品和技术创新。只有"强身健体"，才有可能抓住机遇，在未来激烈的竞争中取胜。

注：

1. 例如，民营银行单一股东持股比例不超过30%，农商行单个自然人持股不得大于2%，职工自然人合计持股不得大于10%，村镇银行单一银行业金融机构或单一非金融机构企业法人持股不得超过10%。

2. 2017年12月20日，国务院颁布修改后的《外资银行管理条例》，放松了一系列限制，基本实现了国民待遇。新的《外资银行管理条例》于2018年1月1日起施行。

（本文原载于《债券》2018年7月刊）

坚持精耕细作　推动绿色债券市场创新发展

水汝庆

　　当前，为实现全球经济的可持续发展，绿色金融已受到国际社会的普遍关注，在刚刚结束的 G20 杭州峰会上，绿色金融也成为一个重要议题。中国正处于经济发展模式转型的关键时期，构建绿色金融体系，有助于加快我国经济向绿色化转型，提升经济增长潜力。《中共中央国务院关于加快推进生态文明建设的意见》《生态文明体制改革总体方案》《"十三五"规划纲要》和《关于构建绿色金融体系的指导意见》等一系列文件明确了绿色金融的顶层设计、政策安排以及实施举措，并且多次提及大力发展绿色债券，绿色债券已经成为中国绿色金融体系的重要组成部分，受到有关各方的高度关注。

　　作为我国债券市场的核心金融基础设施，同时也是中国金融学会绿色金融专业委员会的理事单位，中央结算公司（以下简称公司）坚持精耕细作，在绿色债券市场做了许多基础性、开创性的工作：

　　本文根据作者在"中债气候债指数推介暨绿色债券信息披露座谈会"上的讲话整理而成。作者时任中央结算公司董事长。

一是为绿色债券提供全生命周期服务。作为债券市场运行平台，公司为绿色债券提供包括发行、登记托管、交易结算、付息兑付、估值、担保品管理、信息披露等在内的一体化服务。截至今年 8 月末，公司登记的金融资产超过 80 万亿元，其中债券 41.4 万亿元。有近 1000 亿元已被第三方认证的"贴标"绿色债券在公司托管，其中包括新开发银行在中国首次发行的绿色金融债。

二是发布绿色系列债券指数。作为金融市场基准定价平台，公司打造了"六位一体"的中债价格指标体系，包括收益率曲线、估值、指数、风险价值计量（VAR）、隐含评级以及"我的统计"。2016 年 4 月，指数系列新添一员。我们与另一家绿金委成员单位——中节能咨询公司合作，编制发布了国内首批绿色系列债券指数，包括中债—中国绿色债券指数和中债—中国绿色债券精选指数，填补了我国绿色债券市场的一项空白，引起了国内外相关机构和媒体的高度关注，市场反响良好。在此基础之上，我们与中节能咨询公司及气候债券倡议组织深化合作，于 9 月 2 日试发布了全球首只气候相关债券指数，这是在打造符合国际标准、具备可投资性、向国际投资者靠拢的绿色债券指数领域的新突破，也是我们在绿色金融领域国际合作的新尝试。指数发布以来，运行情况良好。截至 8 月末，该指数的市值约 1.33 万亿元，样本券 210 只，发行人共 81 家。

三是首创"绿色"债券识别归类理念，探索对存量金融债券的绿色识别工作。除了将"贴标"绿债直接纳入绿色债券指数样本券外，我们还借助第三方咨询机构的专业力量，依据公开可获得信息自主对"实质绿"的存量债券进行判断与识别，这种重实质轻形式的理念，更加符合中国实际，是对多年来从事绿色事业的广大企业的认可和尊重，有利于鼓励和引导绿色投资。从实施效果来看，该方法得到了多家国内外专业机构的认可，基于该口径的中国绿色债券市场潜在规模的描述被广泛采用。在上述工作基础上，我们对金融债券进行了更深层次的信息挖掘。除专项用于绿色项目的绿色金融债券之外，还有一部分未冠名绿色但筹集资金实际用于发放绿色贷款的金融债，采用创新方法识别此类债券的工作已有了阶段性成果。9月1日，符合绿色债券指数规则的三只政策性银行债已被纳入中债绿色系列债券指数。

四是积极推动业内专家交流。2016年4月，我们作为理事单位加入绿金委，研讨推动相关制度和行业规范建设。此外，我们积极为绿色金融领域专家打造高层次的交流平台。6月30日，公司举办了"金融街十号论坛——绿色债券全链条解析"，来自行业内的众多专家分享了绿色债券认定、发行及后续管理等相关经验，论坛取得了圆满成功。

2015年底，人民银行、国家发展改革委等部门相继就绿色金融债券的发行、绿色债券的发行出台了相关政策、指引，我国绿色债券市场正蓬勃发展。据有关机构统计，2016年前7个月，我国绿色债券发行规模占全球同期发行总量的40%左右。在快速发展的同时，信息披露的完整性、绿色债券的界定标准等问题也开始凸显。2016年8月31日，人民银行、财政部等七部委联合发布《关于构建绿色金融体系的指导意见》，提出要建立和完善我国统一的绿色债券界定标准，明确发行绿色债券的信息披露要求，逐步建立和完善发债企业强制性环境信息披露制度。我们期望通过合作交流，探讨解决绿色债券发展所面临的难题，共同推动绿色金融发展。

　　2016 年是公司成立 20 周年。20 年来，公司从国债集中托管起步，在管埋部门和各方的关心指导下，忠实履行金融基础设施职能，支持国家金融改革发展。近年来，公司稳步推进由单一的债券登记托管向全方位的金融资产登记托管、由单一对接银行间债券市场向对接多层次金融市场转型的"两个转型"和"多元化、集团化、国际化"战略，各方面工作取得新的成果。展望未来，我们将继续发挥自身职能，积极推动绿色债券市场创新发展，为我国绿色金融战略的贯彻实施贡献力量。

（本文原载于《债券》2016 年 10 月刊）

我国境外绿色债券业务前景广阔

殷红

近年来，中国绿色债券实现跨越式发展，在制度建设、市场规模、发展速度等方面居全球前列。随着我国企业和金融机构走出去步伐的加快，境外发行绿色债券日益受到青睐，以大型银行为代表，中国企业和金融机构的海外绿色债券发行正逐步走向常态化，为吸引外资助力我国经济结构可持续发展做出了贡献。

绿色债券是指政府、金融机构、企业等发行方依法向投资者发行，并将募集资金投向符合规定的绿色项目的固定收益类债务债权凭证。绿色债券的本质是一种债券，但又因为其募集资金投向的严格限制而区别于普通债券。

本文作者时任中国工商银行城市金融研究所副所长、中国金融学会绿色金融专业委员会副秘书长。

我国境外绿色债券规模增长迅速

（一）我国绿色债券市场发展迅速

2015年底，人民银行和国家发展改革委分别发布了《绿色债券项目支持目录（2015版）》和《绿色债券发行指引》，明确了绿色金融债券和绿色企业债券的发行方式、准入条件和项目范围，这是世界上第一个针对绿色债券发布的国家政策。

受政策的激励，中国绿色债券市场爆发式增长。2016年，中国企业和金融机构的绿色债券发行量超过美国，位居全球第一，创造了从零到全球领先的突破；2017年，中国绿色债券发行总量持续增长至360亿美元[1]，同比增长7.55%，在全球排名第二。

值得说明的是，美国住房贷款担保机构房利美（Fannie Mae）在2017年发行了一笔总额249亿美元的绿色住房抵押贷款证券，这笔债券占美国绿色债券发行总额的58.72%。凭借这笔债券，美国再次回到绿色债券发行榜首。

从2018年初至8月末，中国绿色债券发行总量达146亿美元。

（二）境外绿色债券发行成为最大亮点

中国绿色债券市场在规模不断扩充的同时，呈现出一些新的特点和发展趋势，其中境外绿色债券的发行是最大亮点。

1. 境外绿色债券发行规模增长较快

2017年我国境外发行绿色债券总额达到68亿美元，较2016年的40亿美元大幅增长70%。而同期境内发行的绿色债券规模出现了下滑，从 2016 年的 305 亿美元降至 2017 年的 292 亿美元，降幅 4.3%。截至 2018 年 8 月，国内机构境外发行绿色债券总额 36 亿美元（见图 1）。

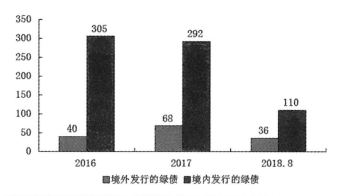

图 1 2016 年至 2018 年 8 月中国发行人境内外绿色债券发行规模（单位：亿美元）

2017 年中国境外发行的绿色债券共 10 只，比 2016 年的 7 只有所增加；境外绿色债券单位平均额度为 6.8 亿美元，较上年增长 19%。比较来看，境内绿色债券平均单只规模为 2.84 亿美元，较上年的 6.11 亿美元下降 53.6%。

从 2018 年情况看，到 8 月末，中国机构境外发行绿色债券数量为 4 只，平均单只规模为 9 亿美元，较上年增加 32.35%；境内发行绿色债券 67 只，平均单只规模为 1.64 亿美元，较上年减少 42.1%。

2. 金融机构是绿色债券最大发行人

2016、2017 及 2018 年前 8 个月，商业银行、政策银行及其他金融机构发行的绿色债券分别占我国绿色债券发行总规模的 77%、62%、71%，是绿色债券市场中最主要的发行方。2018 年，更多的地方性和区域性商业银行加入绿色债券发行队伍，如贵阳银行、威海银行、华兴银行等都在 2018 年发行了首只绿色债券。

表 1   我国金融机构发行的海外绿色债券

名称	发行日期	上市场所	发行规模	期限（年）	票面利率	债券/主体评级	评级机构	第三方认证	特色
中国农业银行绿色票据	2015年10月13日	伦敦证交所	4亿美元	3	2.125%	A1/A/A	标普、穆迪、惠誉	德勤	中资金融机构首单绿色债券，亚洲发行体首单人民币绿色债券
			5亿美元	5	2.773%				
			6亿人民币	2	4.15%				
中国银行绿色债券	2016年7月5日	卢森堡证券交易所	7.5亿美元	3	1.656%（浮动）	主体：A1（穆迪）/A（标普）/A（惠誉）	标普、穆迪、惠誉	安永	商业银行在国际市场上发行的单笔金额最大、品种最多的绿色债券。其中，欧元绿色债券是中资机构在欧洲大陆发行上市的首单绿色债券；人民币绿色债券是在美中资机构首笔公开发行的离岸人民币债券，也为迄今规模最大的离岸人民币绿色债券
			5亿美元	3	1.875%				
			10亿美元	5	2.250%				
			5亿欧元	5	0.750%	债项：A1（穆迪）/A（惠誉）			
			15亿人民币	2	3.600%				
中国银行绿色资产担保债券	2016年11月3日	伦敦证交所	5亿美元	3	1.88%	Aa3	穆迪	安永	全球首单兼具"双重绿色属性"的绿色资产担保债券
中国工商银行"一带一路"绿色气候债券	2017年10月12日	卢森堡证券交易所	11亿欧元	3	3年期Euribor+55BP	A1（穆迪）	穆迪	CICERO、中财绿融、CBI	首单以"一带一路"沿线绿色项目为主题的绿色债券；首单获得气候债券倡议组织（CBI）"气候债券"认证的中资金融机构债券；单笔欧元金额最大的中资绿色债券；工行成为首家获得CICERO第二意见的中资银行、迄今唯一获得CICERO"深绿"最高评价的中资发行人
			4.5亿美元	3	3年期Libor+77BP				
			4亿美元	5	2.875%				
国家开发银行准主权国际绿色债券	2017年11月9日	中欧国际交易所	10亿欧元	4	0.375%			安永	首笔中国准主权国际绿色债券
			5亿美元	5	2.750%				
中国银行等值15亿美元气候债券	2017年11月19日	泛欧证券交易所	5亿美元	5	3个月Libor+88BP	A1（穆迪）	穆迪	安永	用于对接法国和英国的风电项目以及中国的15个地铁项目
			7亿欧元	3	3个月Euribor+47BP				
			10亿人民币	3	4.500%				
中国银行10亿美元绿色债券	2018年5月31日	香港联合交易所	10亿美元	—	—	—	—	安永	—
工商银行7.6亿美元等值双币种多段绿色债券	2018年6月14日	香港联合交易所	2亿美元	3	3个月LIBOR+75BP	—	—	—	支持"一带一路"沿线清洁交通、陆上可再生能源和海上风能等项目
			2亿美元	5	3个月LIBOR+85BP				
			26亿港元	2	3.00%				
工商银行15.8亿美元等值双币种多段绿色债券	2018年6月15日	伦敦证券交易所	15.8亿美元	3	—	—	—	CICERO、中财绿融	支持"一带一路"沿线清洁交通、陆上可再生能源和海上风能等项目

在境外市场，2018 年前 8 个月，金融机构境外发行绿色债券总规模为 25.8 亿美元，占我国海外绿色债券发行总量的 72.07%，并主要呈现这些特点（见表 1）：第一，我国的大型商业银行和政策性银行已经迈出海外绿色债券发行步伐，有的银行已经发行多次、多只绿色债券；第二，多数绿色债券进行了第三方认证，如工行发行的绿色债券甚至经过了国际国内三家权威机构的认证，并获得"深绿"认证；第三，绿色债券（债项）评级普遍较高，等于或高于主体评级；第四，目前境外绿色债券发行市场主要以欧洲和中国香港地区为主；第五，从票面利率来看，欧元债利率最低，其次为美元债和人民币债。

（三）我国境外绿色债券规模增长迅速的主要原因

首先，境内机构海外发债已成趋势。随着我国企业和金融机构境外业务的快速发展，外币需求持续增长，近年来，我国企业和金融机构境外发展步伐不断加快。伦敦、纽约等几大全球金融中心融资能力强、手续流程便捷，且受益于较低的基准利率和债券收益率，海外发债成本相对较低，使得境内机构通过境外发债获得资金成为一项重要的融资选择。Dealogic 数据显示，2017 年中资金融机构境外发行债券总规模 1031 亿美元，较 2016 年增长 78%。境外绿色债券也同时得到了快速发展。

其次，境外发行绿色债券的利率普遍低于同期市场一般债券利率，原因是境外市场绿色投资理念较为成熟，责任投资人群体众多，绿色债券受到责任投资资金的认可和追捧。相关研究显示，境外绿色债券利率低于非绿色债券券利率 10 ~ 15BP。

再次，发行绿色债券，特别是境外绿色债券，能够吸引责任投资人、丰富发债主体的投资人客户，扩大境外投资人基础，从而优化投资者结构，对控制外汇风险具有重要意义。

最后，发行绿色债券有利于发债主体提升形象，积极融入国际市场。长期以来，由于我国国内环境问题严峻，对外投资项目中时而出现污染问题或社会问题，使得我国走出去的企业和银行的品牌形象受到一定程度的损害。发行绿色债券不仅能够提升形象，而且在境外发行和承销绿色债券还能够帮助发债主体积极参与国际金融市场，有助于增强国际影响力和美誉度。

中国境外绿色债券市场潜力巨大

中国企业和金融机构境外绿色债券发行取得明显成效，但目前仍处于起步阶段，未来我国境外绿色债券发行仍具有较大发展潜力。

（一）从需求侧看

其一，我国正在践行的生态文明建设将激发巨大的绿色融资需求。根据中国人民大学重阳研究院的预测，2015—2030 年间，我国绿色融资需求最高可达 123.4 万亿元，需要绿色金融发挥主要作用，引导境内外资金共同支持。

其二，中国已经出台多项"史上最严"和"全球最严"的环保政策，环境执法力度也在逐步增加，对企业转型升级提出了日益严格的要求。对于企业来说，升级和更新设备以达到新的环保标准成为必然选择，这也需要融资的支持。

其三，可持续基础设施、交通、公共设施以及与环保及资源节约相关行业市场快速成长，激发了绿色融资需求。

其四，在"一带一路"建设中，基础设施建设是重中之重，而大型基础设施建设通常具有很强的环境外部性，也需要绿色债券提供资金支持和规则引领。

最后，企业主动承担社会责任的意识开始增强，投融资绿色化是承担社会责任的重要部分。

绿色债券具有融资期限长、成本可预测、可分割、可组合的债券产品优势，而且拥有"绿色"属性，能够较好满足上述需求。

（二）从供给侧看

其一，国际资本市场对绿色投资的需求不断增加。全球责任投资者群体正在日益壮大，大型社保基金、养老金等机构的绿色投资已经走向常规化，部分国家的机构投资者每年都要保证一定的绿色或责任投资比例以用于降低环境风险、满足监管要求或提升市场形象。

其二，中国作为新兴市场中风险最低的国家，近年来经济稳定增长，中国市场对于国际投资者来讲依然具有较大吸引力，因此，中国企业和金融机构发行的绿色债券能够吸引国际投资者。

其三，美元作为世界货币，在全球金融体系中具有重要地位；欧元受益于欧洲政治经济趋稳，去年成为汇率市场中最亮眼的货币。因此，中国金融机构发行的欧元和美元债券受到国际市场的普遍青睐。

（三）负面影响因素

当然，未来境外绿色债券发行也存在几点不足：第一，中国经济增速正在放缓，加上世界贸易环境的影响，中国市场对海外投资者的吸引力可能下降；第二，人民币汇率波动加大将导致海外投资者的汇率管理成本增加；第三，国际国内绿色标准不统一，在一定程度上限制了海外绿色投资者进入中国市场。

境外绿色债券发行的实践与经验——以工商银行为例

作为我国最大的国有商业银行，工商银行在绿色金融和绿色债券领域的战略布局可以追溯到2007年。经历了十几年的积累，已经在绿色战略、政策体系、流程制度、人才培养、研究创新等方面具备了领先优势，厚积而薄发，创造出了中国和全球绿色债券市场中的多个"第一"。

（一）绿色债券承销

2015年以来，工商银行作为主承销商先后承销发行了境内首单绿色金融债券、首单绿色企业债、首只银行间市场绿色非金融企业债务融资工具、首只央企绿色永续中期票据；作为联席账簿管理人和联席牵头经办人，成功完成亚洲地区首笔中资企业绿色欧元债券的发行，有效支持了国家重点项目以及国网节能、北汽股份、龙源电力、中广核风电等优质客户的融资需求。自绿色债券推出以来，截至2017年12月末，工商银行累计承销各类绿色债券20只，募集资金总量1526亿元，居国内银行类机构第一。

（二）绿色债券投资

作为银行间债券市场的重要投资人，工商银行积极参与绿色债券投资，助力绿色债券发展。截至2017年12月末，工商银行投资绿色债券余额201.9亿元，品种涵盖绿色熊猫债、绿色金融债和绿色企业债等多个类别。

（三）绿色债券发行

2017年9月28日，工商银行卢森堡分行发行了首只"一带一路"

绿色气候债券。从发行价格来看，该债券处于中资可比同业最优；美元 3 年期浮动利率、5 年固定利率及欧元 3 年期浮动利率的点差均处于中资可比同业最高水平。

该笔绿色债券获得了《金融亚洲》(*Finance Asia*) 2017 年最佳环境、社会和治理项目，《国际金融评论》亚洲版 (*IFR Asia*) 2017 年度最佳社会责任融资债券，《财资》(*The Asset*) 最佳绿色债券，《环境金融》(*Environmental Finance*) "绿色债券资金用途创新奖" (Bond of the Year for Innovation in Use of Proceeds) 四项大奖，取得了良好的发行效果。此次绿色债券发行在产品定位、债券设计、路演宣传等方面的成功经验，能够为我国发行人海外发行绿色债券提供重要借鉴。

"深绿"是此次绿色债券发行的最大特点，主要体现在三个方面。一是该笔债券发行标准较高，获得了 CICERO "深绿"评价，既满足绿色债券原则 2017 版，也同时满足中国绿色债券准则。二是债券募集资金使用方面管理严格。工行各业务条线资金使用方案由绿色债券工作组进行审核，确定符合框架，制定合格绿色资产清单，设置台账，逐笔记录募集资金使用情况。三是在信息披露方面，工行在发行过程中承诺定期发布绿色债券年度报告，相关内容还将在《社会责任报告》进行披露，同时邀请独立第三方机构对报告进行认证，监督披露的真实性。

2018 年 6 月，伦交所上市债券中规模最大的一只绿色债券，由工商银行在伦敦发行，为 15.8 亿美元等值双币种多段绿色债券。本次绿色债券的成功发行和上市，紧扣了 2017 年中英经济财金对话成果中"一带一路""绿色金融"和"基础设施和能源"等核心议题。债券募集资金将全部用于支持"一带一路"沿线清洁交通、陆上可再生能源和海上风能等绿色资产项目。

同期，工商银行在香港发行的等值 7.31 亿美元双币种多段高级无担保绿色债券，成为全球首只香港特别行政区政府下设机构认证的绿色金融债券，也是首只香港地区注册持牌银行发行的绿色债券。

我国境外绿色债券发展的相关政策建议

未来，我国境外绿色债券发行具有较大潜力，发展这一市场将为我国拓展外资渠道，支持经济结构转型和绿色发展发挥日益重要的作用。对于我国境外绿色债券的发展，本文提出如下建议：

一是积极推进我国经济转型和结构升级，坚持开放和包容的经济发展模式，进一步释放市场活力，通过供给侧结构性改革和消费升级，助力我国经济的"爬坡过坎"，持续保持并提升中国市场的投资吸引力和国际影响力，吸引境外绿色债券投资人。

二是政府和金融监管机构进一步通过政策工具指引和鼓励企业与金融机构积极发展绿色金融，如人民银行将绿色信贷和绿色债券纳入宏观审慎管理（MPA）框架，意味着金融机构的绿色投融资做得越好，越能获得经济收益，鼓励金融机构通过金融产品和服务积极支持绿色经济发展。

三是目前我国绿色债券有两个标准，相关部门正在研究并统一标准。建议在标准统一的同时，推动我国的绿色标准与国际标准接轨，有助于绿色投资人理解和互认。

四是为提升境外绿色债券发行和管理效率，境外绿色债券发行人不仅要建立绿色债券发行框架，储备一批符合国内外标准的绿色项目，而且要建立管理机制，明确管理职责和流程，形成常态化的绿色债券发行、资金管理、项目管理及信息披露机制和流程。

五是为获得较好的绿色债券市场评级，需要提升境外绿色债券发行人的ESG（环境、社会、公司治理）评分，这就要求发行人在持续提升ESG表现的同时，做好持续信息披露工作，增强我国绿色投融资市场的透明度。

注：

1. 本文数据均按人民币对美元6.9的汇率进行折算。360亿美元为宽口径统计结果，即符合中国标准和国际标准其中之一即可认定为绿色债券。若按窄口径（既满足中国标准又满足国际标准）统计，2017年的发行总额为218亿美元。

（本文原载于《债券》2018年10月刊）

深化金融改革开放　助推经济高质量发展

陈刚明

党的十九大报告提出，中国特色社会主义进入了新时代，我国经济发展也进入了新时代，基本特征就是经济已由高速增长阶段转向高质量发展阶段。作为现代经济的核心，金融不仅需要通过服务实体，推动经济高质量发展，更需要通过改革升级，实现金融业自身的健康稳定。

实践来看，2017年我国金融体系去杠杆效果显著，金融业增加值占GDP的比重有所下降，M2和银行业资产规模增速双双回落，资金脱虚向实取得一定成效，有力促进了我国经济平稳发展，稳定了市场预期。展望未来，金融体系高质量发展的机遇和挑战并存。从国际看，主要发达经济体货币政策逐渐趋向正常化，全球利率中枢上移，地缘政治和贸易摩擦频发，对国内金融市场的冲击不可小觑。从国内看，虽然金融监管制度不断完善，监管力度有所增强，功能监管体系逐渐健全，但部分

本文根据作者在"第6期金融街十号论坛"上的致辞整理而成。作者时任中央结算公司总经理。

资产价格和宏观杠杆率水平还处于高位，金融乱象仍须整治，潜在金融风险发展的态势持续受到关注。面对复杂的内外部环境，我们要认真贯彻落实高质量发展的战略部署，紧紧围绕服务实体、防控风险和深化改革三大任务，以建立健全高质量的金融体系，促进经济的高质量发展。

回归本源，提升金融服务实体经济的水平

历次国际金融危机的发生，根子都有金融脱离实体经济，出现了过度体内循环和自我膨胀等情况。过去一段时间，国内一些金融机构的资金脱实向虚、体内循环，导致价格信号扭曲，融资成本增加，不仅损害了实体经济发展，更是积累了较多金融风险。为了夯实服务实体经济高质量发展的基础，一是要引导资金更多流向实体经济。加强和改善宏观审慎管理，在规范表外理财、同业存单、互联网金融的基础上，将金融产品和金融活动全覆盖，纳入宏观审慎和微观审慎监管的严密体系，限制资金在金融体系内部空转。二是提升服务实体经济的效率。盘活资金存量，加快过剩产能、低效企业，特别是"僵尸企业"的退出，改善存量挤占金融资源、扭曲市场信号的问题；优化资金增量，着力服务国家重点战略、重点领域、重点工程和国民经济薄弱环节，实现金融体系和实体经济的良性循环。三是积极参与供给侧结构性改革。紧扣"三去一降一补"五大任务，充分发挥金融的市场出清作用，为深化供给侧结构性改革提供服务和保障；加大对"三农"和小微企业的支持力度，提升精准扶贫效率和普惠金融水平；推动绿色金融创新发展，有力支持绿色企业和项目的融资需求。

优化结构，推动金融业供给侧结构性改革

随着经济发展阶段的变化，单靠金融总量的扩张已经无法适应要求，更多需要从供给侧方面优化结构，降低无效、低效供给，扩大高效供给。一是保持稳健中性货币政策的定力。发挥货币政策的总量调控和局部结构调整的作用，平衡好稳增长、调结构、防风险的关系；增强流动性管理的机制性建设，保持金融体系流动性合理稳定，促进信贷和社会融资规模的合理增长，为高质量发展营造适宜的货币环境。二是加快多层次资本市场体系建设。根据新时代市场融资的新特征，更好地把握政府部门、企业部门、金融部门、居民部门的融资结构变化；更好地促进政策性金融和商业金融的有效衔接和协调发展；更好地平衡投融资主体利益，做好市场机制、法律机制、监管机制的无缝衔接；更好地满足新技术、新产业、新业态、新模式的融资需求。三是鼓励金融科技趋利避害，规范发展。综合运用各种科技力量，推动金融与科技的深层次融合，开辟多样化、便利化、个性化的金融产品，拓宽金融服务范围，提高金融服务效率。四是提升对金融供给创新的包容性。顺应市场发展，在防控金融风险和有效服务实体经济的前提下，以包容的态度看待金融创新，对于金融供给创新的管理应疏堵结合，以疏为主。

强化监管，提高防范化解系统性金融风险的能力

不发生系统性金融风险是金融体系高质量发展的底线。当前，部分交叉性金融产品跨行业、跨市场，层层嵌套，底层资产隐蔽，存有较为

严重的风险隐患，迫切需要强化监管。一是完善监管制度体系。根据金融风险的新变化、新特征，坚持问题导向，全面梳理监管规则，弥补监管短板；对跨行业、跨市场业务实行"穿透式"监管，消除监管空白和监管重叠，在此前提下合理降低合规成本。二是完善功能监管体系。有效发挥国务院金融稳定发展委员会职责，深化"一行两会一局"的统筹协调和信息共享机制；健全货币政策和宏观审慎政策双支柱调控框架，发挥两者的协同互补功能。三是夯实监管监测基础。积极依托既有的金融基础设施功能，推进金融业综合统计，促进数据共享，避免重复采集，有效监测金融运行状况，科学评判潜在风险隐患，前瞻性防范化解系统性金融风险。

市场导向，发挥市场在金融资源配置中的决定性作用

发挥市场的决定性作用，提高金融资源配置效率。一是继续推动利率汇率市场化改革。继续培育市场基准利率，促进国债收益率的定价基准作用，健全市场化的利率形成机制，推进政策基准利率和市场利率并轨；有序推进人民币汇率形成机制改革，增强汇率弹性，提升应对外部冲击的韧性。二是疏通货币政策的传导机制。积极促进信贷资产证券化和信贷资产流转，完善货币市场、资本市场和信贷市场之间的价格传导机制，提高资金配置效率；进一步督促金融机构健全内控制度，增强自主合理的定价能力和风险管理水平。三是提高金融要素的市场流动性。通过理顺基础设施关系疏通金融要素在各市场的流动渠道，加强后台基础设施的集中统一建设，促进交易前台开放性、多样性和流动性发展，提高金融市场效率。四是持续推进金融业对外开放。中国开放的大门只

会越开越大，金融业在市场准入方面也将大幅放宽，通过中央托管机构的跨境互联推动境内外市场的互联互通，是对现有开放渠道的有益补充。在中国资本市场被纳入国际市场指数的同时，促进中国金融信息产品走向世界，牢牢把握人民币资产的定价权，提升我国金融市场的国际竞争力。

以高质量发展为导向，推动金融体系转型升级，是新时代金融业面临的新任务、新要求、新挑战、新机遇。作为国家核心金融基础设施，中央结算公司将全面贯彻党的十九大、全国金融工作会议、中央经济工作会议精神，牢牢把握新时代对金融工作的新要求，牢记责任使命，坚持改革创新，努力建设成为世界一流的中央托管机构，持续为中国金融和经济的高质量发展贡献智慧和力量。

（本文原载于《债券》2018 年 4 月刊）

推动人民币债券担保品跨境使用

白伟群

担保品对于风险管理的重要性在国际市场上早已形成共识，重视与加强担保品管理也已成为国际市场的主流趋势。依托中央托管机构对担保品进行集中、统一的自动化管理，可以有效降低交易成本和信用风险，极大便利流动性管理，助推金融市场创新发展和扩大开放。随着中国债券市场对外开放不断深入，跨境运用债券担保品的需求日益强烈，中央结算公司围绕跨境担保品管理这项重要创新作了大量研究和储备。

后危机时代的"危"与"机"

（一）危：优质担保品短缺及集中度高可能引发系统性风险

2008 年金融危机之后，全球进入了所谓的"后危机时代"，各国监管部门都出台了一系列法规，包括美国《多德—弗兰克法案》《欧盟市

本文根据作者在"2018 中债担保品国际论坛"上的讲话整理而成。作者时任中央结算公司监事长。

场基础设施原则》《巴塞尔协议Ⅲ》和《非集中清算衍生品保证金要求》等。这些监管法规都通过提升担保品要求来降低交易风险,这使得国际市场对优质担保品的需求急剧增加。根据美国财政部借款咨询委员会的一份预测,到2019年国际市场对合格担保品的需求会超过11万亿美元,其中仅场外衍生品业务就需要超过4.1万亿美元的保证金。

与此同时,监管环境的趋严尤其是对担保品再使用,各方监管部门都提出了更加审慎的原则,做出了许多限制。这使得合格担保品的缺口更大,压力也更大。

另一方面,当前国际主流担保品池都面临着不同程度的集中度风险。以欧洲一家主要清算机构的担保品池为例,其债券担保品池有超过88%的债券是欧元区国家的债券,其中欧元区核心国家的债券超过70%。这种高度集中的担保品池将容易导致特定市场或经济体流动性风险的链式传导,从而引发区域性或者全球性的系统性风险。这种特质在此前的欧债危机,以及英国脱欧引起的市场震荡中,都有不同程度的体现。

（二）机:中国债市的崛起,人民币债券的"溢出效应"

中国债券市场在近些年取得了令人瞩目的跨越式发展,成为中国金融市场乃至全球市场的一大亮点。根据国际清算银行的统计数据,2017年末,中国债券市场总量已超过74万亿元人民币,占中国GDP的90%,成为全球第三大债券市场,影响力日益扩大(见图1)。

得益于中国经济稳中向好、宏观政策审慎适度、人民币汇率和利差基本稳定等因素,人民币债券资产的配置需求持续增加,境外投资者正在加速进入中国债券市场。根据中央结算公司的数据,截至2018年9

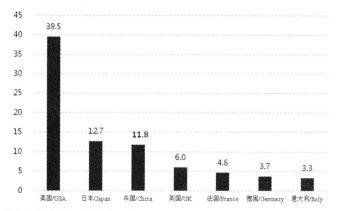

数据来源：国际清算银行（BIS）

图1 2017年末各国债券市场存量规模（单位：万亿美元）

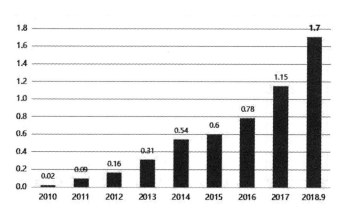

数据来源：中央结算公司、上海清算所

图2 境外投资者持有人民币债券余额（单位：万亿元）

月，在中央结算公司托管的境外投资者持有人民币债券已近1.5万亿元；在上海清算所托管的境外投资者持有人民币债券也超过了2000亿元。境外投资者共计持有近1.7万亿元的人民币债券，占到整个市场容量的2.7%，人民币债券的国际认可度正在持续提升（见图2）。

相比国际市场合格担保品短缺的情况，中国债券市场的情况正好相反。截至2018年9月，托管在中央结算公司的债券规模已超过56万

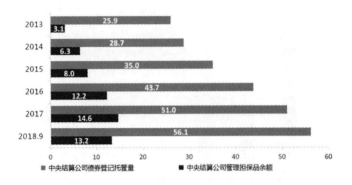

数据来源：中央结算公司

图 3 中央结算公司托管债券被用作担保品情况（单位：万亿元）

亿元，其中主权级或准主权级债券，即流动性好、信用等级高的债券超
过 47 万亿元。其中只有约 13.2 万亿元债券被用作担保品，使用占比约
为 30%（见图 3）。尤其是，境外投资者持有的近 1.5 万亿元债券，基本
上都没有被有效使用到担保品管理中去。优质的人民币债券资产，正在
积极寻求参与国际市场的机会。

推动人民币债券跨境使用，为境内外投资者提供一条可行的债券
担保品跨境使用路径，能够提高投资者资产配置的效率和持债的综合
收益，同时也为全球市场注入海量合格担保品，也能减少当前国际主流
担保品池过度集中的风险，进一步提升境内外市场的联通度。这种发展
趋势值得市场关注。

建设人民币金融体系的流动性中枢和风险管理中枢

人民币债券跨境应用，是人民币国际化进程中从贸易货币向投资
货币和储备货币发展的必经阶段。国际先进的中央托管机构也纷纷把

担保品管理服务作为创新亮点和战略支撑点。基于这样的认识，中央结算公司依托中央托管机构的专业优势和市场公信力，历经十余年时间，精心打造高效的债券担保品管理系统，如今已越来越在中国金融体系中发挥着风险管理和流动性管理的重要作用。

截至 2018 年 9 月，中央结算公司管理的担保品余额超过 13 万亿元，位居全球中央证券托管机构首位，服务各类机构超过 5700 家，其中既包括人民银行、财政部等国家经济主管部门，也包括境内各类市场机构，还包括境外央行和外资商业银行等境外市场参与者。

从宏观层面看，中债担保品管理支持国家货币政策实施，人民银行依托中央结算公司的系统进行公开市场操作和再贷款操作，每一元钱的基础货币投放都有中债担保品管理提供的服务；中债担保品管理也为财政政策的实施提供支持，不管是中央国库现金管理还是各省市地方国库现金管理，都在用中债担保品管理提供风险管理支持。

从微观层面看，中债担保品服务也运用于金融市场各类交易和履约保障，如市场上最大的交易品种——回购，及重要的衍生品——国债期货等，包括即将落地的三方回购，都是以担保品管理支撑市场的创新和发展。在各方支持和努力下，中央结算公司致力于将中债担保品管理服务打造成人民币金融体系的流动性中枢和风险管理中枢，助推市场实现更高层次上安全和效率的统一。

各方协力打造跨境担保品合作新平台

根据 2018 年 9 月一项针对境外投资者的调研，有 70% 以上的投资者表示愿意在国际金融市场上，接受人民币债券作为合格担保品；

60%的投资者表示期待金融基础设施能够跨境互联互通,希望能够跨境使用担保品以提高债券流动性,提高持债综合收益。打造担保品跨境服务,推动人民币债券跨境使用,将是中央结算公司重要的发展方向。

以此为依托,中央结算公司研究提出了跨境担保合作的新平台。一是通过构建开放、包容的跨境业务生态,吸引国际中央证券存托机构(ICSD)、中央证券存托机构(CSD)、全球托管行、各类交易前台及广大市场参与者加入进来,努力实现为投资者提供覆盖多层次、多市场、多平台的风险管理和流动性管理解决方案的目标;二是拓展业务链条,努力推动人民币债券纳入国际合格担保品池,为全球市场提供更多高品质的债券担保品。

跨境担保品业务发展空间广阔。目前,中央结算公司已在为推动债券担保品跨境使用认真做准备,不论是法律衔接、业务实践、技术准备都已做出很多有益探索。得益于市场各方的合作,在这几年已经落地了几项成功的跨境担保品业务试点。

中国债券市场飞速发展,推动人民币债券跨境使用,建立跨境担保品业务体系需要主管部门引领,需要金融基础设施机构提升服务,更需要市场机构紧密合作。中央结算公司愿承担金融基础设施使命,一如既往为市场提供安全、优质、高效、专业的担保品管理服务,支持市场创新,提高市场效率和国际竞争力。

(本文原载于《债券》2018年12月刊)

美债收益率上涨原因、趋势及影响

钟红　王有鑫

在经济加速增长、通胀回升和美联储坚持加快收紧货币政策背景下，年内以美国10年期国债为代表的美债收益率大幅攀升。2018年5月17日，美国10年期国债收益率曾一度触及3.1%高位，后虽有所回落，但截至6月29日依然达到2.85%，较年初提升39个基点。收益率大幅走高，引发美股下跌、美元指数走高及国际市场连锁反应。本轮美债收益率为何在年内暴涨？是周期性突破还是阶段性触顶？对我国资本市场影响多大？我国商业银行存在哪些风险和机遇？本文将以美国10年期国债为例逐一进行探讨。

多重因素助推美国10年期国债收益率快速上涨

美国10年期国债收益率并非一路高歌猛进，受避险情绪驱动，3月收益率下降13个基点，但4月中旬以来快速拉升，主要受以下多重

本文作者钟红时任中国银行国际金融研究所副所长；王有鑫时任中国银行国际金融研究所研究员。

因素影响。

（一）大宗商品价格快速上行，美国通胀预期逐渐升温

4月以来，俄英外交冲突持续发酵，美国对俄罗斯开启新一轮制裁，叙利亚地缘政治风险上升，引发全球对大宗商品供给的担忧。受此影响，布伦特原油和WTI原油价格强势走高，分别较年初上涨18%左右。原油价格走高意味着工业、食品、交通、物流等产业成本上升，将引发输入型通胀，推高美国通胀预期。数据显示，2016年初美国10年期国债收益率与通胀指数型国债（TIPS）收益率之差显示的未来10年盈亏平衡通胀率仅为1.55%，而到了2018年6月28日已升至2.1%（见图1），说明市场对未来通胀预期明显提升，国债市场对此进行了充分反应。

资料来源：Wind，由中国银行国际金融研究所整理

图1 美国10年期国债盈亏平衡通胀率的变化（单位：%）

（二）美债供给边际增速超过需求

从需求端看，美联储逐渐缩减资产负债表规模，对到期国债不再续买或减少购债规模，年内持有的长期国债已减少762.4亿美元，国债市

场需求增长乏力。在供给端方面，特朗普税改背景下美国财政收入下降，财政赤字增加。美国国会预算办公室 4 月发布报告预测，美国财政赤字到 2020 年将超过 1 万亿美元。为了筹资，美国财政部加大了国债发行规模，国债市场供需不平衡状况导致美债收益率持续攀升，10 年期国债拍卖票面利率从年初的 2.25% 飙升至 6 月 11 日的 2.88%。

（三）美联储货币政策正常化节奏加快

2018 年初，市场普遍预期年内美联储加息次数为 2～3 次，认为鲍威尔政策取向偏鸽派，而从其当选美联储主席后的政策主张和实践看，市场显然误判了鲍威尔政策走势。今年美联储已加息 2 次，年内大概率还将加息 2 次，明年预计加息 3 次，加息路径更加陡峭。而且美联储缩表规模逐渐扩大，对长端收益率影响较大，带动收益率快速走高。

周期起点还是阶段顶点？

（一）长周期视角

美国 10 年期国债收益率大约每 30 年经历一次轮回。第一个周期是上升周期，历时约 29 年，10 年期国债收益率从 1953 年底的 2.59% 攀升到 1981 年 15.84% 的历史峰值。之后进入下跌周期，历时约 35 年，10 年期国债收益率从 1981 年的历史峰值降至 2016 年 1.37% 的历史最低值。随后周期转换、再次上涨，目前在 3% 上下波动。当然，每一个长周期国债收益率走势不是完全线性变化的，随着经济增长、通胀预期、货币政策和地缘形势等因素变化，也内嵌着不同的短周期。以第二个长周期为例，该周期为下跌周期，但也存在 10 个左右的上升短周期（见图 2）。

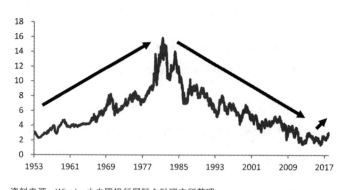

资料来源：Wind，由中国银行国际金融研究所整理

图2 美国10年期国债收益率的历史走势（单位：%）

因此，判断美国10年期国债收益率的未来走势，需要正视其在周期中所处的阶段和位置。

一是全球普遍的人口老龄化趋势使美国利率中枢上移。人口年龄结构与储蓄和消费意愿密切相关。如果全球人口年龄结构偏年轻化，那么整体储蓄率将较高，将压低全球利率中枢，反之如果人口年龄结构偏老龄化，那么全球储蓄率将降低，全球利率中枢也将随之上升。过去美国凭借美元霸权通过"经常账户逆差，资本账户顺差"形式吸引全球资本流入，有效压低了本国利率水平。2016年作为利率周期转折点，一个重要变化是中等收入国家当年65岁及以上人口占总人口比重首次超过7%，正式进入老龄化，国民总储蓄率也随之下降，无法继续为美国提供源源不断的低成本资金。

二是美国去全球化举措增加了国内通胀压力。过去美国是全球化坚定的支持者和践行者。全球化给美国带来的益处之一是通过进口发展中国家的廉价消费品，压低了国内通胀水平。牛津研究院估计，美自华进口低价商品在2015年帮助美国降低消费物价水平1%～1.5%。然而，目前美国孤立主义、去全球化和贸易保护主义愈加严重，近期美国和一些国家贸易伙伴之间的贸易摩擦不断升级。贸易伙伴的反制和报复措施将使美国进口产品价格和日常消费品价格大幅攀升。因此，美国对待全球化和自由贸易态度的转变，将带动美国长期利率跟随通胀预期走高。

三是美国进入货币政策紧缩周期，带动国内利率中枢周期上移。2008年全球金融危机以来，为了刺激经济复苏，以美国为代表的主要发达经济体普遍采取降息、大规模资产购买等手段压低长短端利率水平，致使10年期国债收益率逐渐走低。2015年底以来，随着美国经济好转，美联储率先开启货币政策正常化进程，国内利率中枢随之进入上行周期。

因此，从长周期角度看，随着人口结构、贸易和货币政策发生周期变动，目前美国10年期国债收益率正处于上升周期起点，未来将继续波动上行。

（二）中期视角

1. 从纵向看

考虑到美国经济潜在增长率已较危机前下降1%左右，过去量化宽松政策释放的海量流动性会制约当前紧缩政策对利率中枢的拉动幅度。而且在金融稳定要求下，预计美联储缩表规模将有限，资产负债表不可能回到金融危机前水平。因此，预计此轮国债收益率顶点将远低于上轮周期顶点，持续时间也将有所缩短。

2. 从横向看

从形状上看，国债收益率曲线一般有三种形状，分别是上倾形、平坦形和倒挂形。根据利率期限结构的流动性偏好理论，正常情况下，国债收益率曲线应该呈现第一种形态，即向右上方倾斜，期限长的债券流动性要弱于期限短的债券，存在更多不确定性和风险，因此需要更高收益率加以补偿。反之，如果利率曲线呈现倒挂的负斜率形态，则表示短期债券收益率高于长期债券，表明投资者因为经济前景疲软或低通胀预期而预计未来利率将下降，被视为经济发展的负面信号，往往预示着经济将下滑。

当前美国国债收益率曲线逐渐平坦化，甚至可能出现倒挂风险。2017年初，10年期和1年期美债收益率之差为1.56%，截至2018年6月28日，该数值已降至0.51%（见图3），下降程度超过一半，国债收益率曲线逐渐平坦化。究其原因，是最近两年美联储加息节奏明显加快，不断加息的行为和逐渐升温的加息预期使得短期国债收益率不断上升，上行幅度显著超过长期国债收益率，导致国债收益率曲线更加平坦。如果照此趋势发展，在不久的将来，随着美联储加息持续，联邦基金利率将继续提升至3%或超过3%的长期均衡水平，将带动1年期等短端收

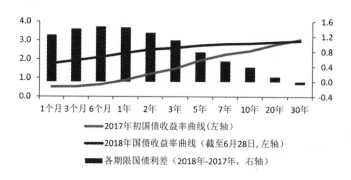

资料来源：Wind，由中国银行国际金融研究所整理

图3 美国国债收益率曲线变化情况（单位：%）

益率不断上行，而长端收益率在贸易战加剧和避险情绪等因素影响下，上升幅度将有限，美国国债收益率曲线将进一步平坦化，甚至可能再次呈现倒挂现象。

（三）短期视角

由于全球原油库存有所增长，大宗商品价格不可能持续大幅攀升，前期的通胀预期升温已被充分定价和吸收。而且，美国与主要贸易伙伴之间的贸易摩擦愈演愈烈，受避险情绪驱动，在贸易战激化的部分时点10 年期国债收益率将有所回落。"新债王"冈德拉奇（Gundlach）认为，美国 10 年期国债收益率在 2018 年底将达到 3.25%。国民威斯敏斯特银行策略主管认为，美国 10 年期国债收益率短期内几乎不可能飙涨至3.5%，但是从长期来讲收益率上行不可避免，年底将达到 3.2% 左右水平。综合考虑货币政策和贸易战的影响，预计年内美国 10 年期国债收益率在前期快速上涨后，下半年势头将有所弱化，国债收益率曲线将逐渐趋平，年底有望收于 3.1% 左右。

美国 10 年期国债收益率上涨对我国资本市场的影响

美国 10 年期国债收益率是风险资产收益率的参照物和对标利率，其调整会引发资产价格的相应变动。在美国 10 年期国债收益率首次突破 3% 当天，美国三大股指都出现剧烈调整，道琼斯工业指数、标普500 指数和纳斯达克综合指数分别下跌 1.74%、1.34% 和 1.7%，且连续多日回调；在突破 3.1% 当天，三大股指又再次全部下跌。与此同时，美元指数逆转年初以来疲弱走势，再次升至 95 上下，4 月份下旬以来累计升值超过 5%。美债收益率快速走高和美国资产价格变化将对我国资本市场带来较大冲击。

第一，中美债市可能由分化转为趋同，企业债务违约将继续出现。与美债走势不同，我国各期限国债收益率年初至今总体呈现下降趋势，AAA 级和 AA+ 级 3 年期企业债到期收益率年内截至 6 月 28 日也分别下降了 71 个和 48 个基点。主要原因在于央行综合运用逆回购、中期借贷便利、定向降准等手段有效调节市场流动性，确保市场乐观预期，降低企业融资成本。然而，随着"特朗普交易"[1] 行情显现，美债收益率快速走高，美元指数疲弱走势逆转，美联储延续较快加息进程，将吸引部分热钱和短期跨境资本流入美国，我国国内流动性将面临一定压力。预计下半年我国市场利率中枢将小幅抬升，但低于美联储加息幅度，国内企业信用债违约情况会时有发生，但不会演变为大规模的债务违约风险。

第二，股市短期波动增加。随着全球经济金融一体化程度加深，各国经济联系愈加紧密，全球金融市场变化呈现出联动性和同步性的特点，一旦有风吹草动，容易引发风险跨境传染。在最近几次美联储加息和美债快速攀升的交易日，我国股市都跟随美股出现调整，而且反应更加剧烈。从 3 月 21 日美联储加息至 6 月 29 日，道琼斯工业指数下跌 1.7%，纳斯达克综合指数和标准普尔 500 指数分别上涨 2.2% 和 0.2%，美股受加息影响有限。反观中国股市，A 股和创业板指数同期分别下跌 12.8% 和 11.6%，跌幅明显。未来美债收益率将继续走高，美联储加息讨论将阶段性升温，中国股市依然面临较大下行压力。

第三，人民币汇率短期面临调整压力。在"特朗普交易"回潮带动下，人民币汇率自 2017 年初由之前的贬值阶段进入升值阶段，今年二季度以来人民币汇率走势再次转换，进入贬值阶段，二季度累计贬值超过5%。虽然与其他新兴经济体下跌幅度比起来相对有限，而且中国外汇交易中心发布的 CFETS 人民币汇率指数年内依然呈升值态势，但背后凸显的是外部经济环境的再次变化。鉴于外汇市场预期变化很快，近期随着中美利差缩窄、美联储加息节奏加快、美国经济增长提速、人民币快速回调，未来人民币汇率波动风险加大。

第四，跨境资本流动形势可能会再次转差。2015 年，我国实施了"8·11 汇改"，美联储于当年底正式开启加息进程，导致我国境内居民和企业加紧全球资产配置步伐，跨境资本大量外流，外汇储备急剧下滑，并与汇率贬值相互强化形成负反馈效应。当前，尽管跨境资本流动形势有所好转，但在经济、贸易、军事和外交等领域，都存在较大不确定性，美国国债收益率持续走高，可能将触发跨境资本流动方向再次逆转。

我国商业银行面临的挑战和机遇

（一）挑战

一是债券相关交易可能会遭受损失。随着中美国债收益率波动上行，商业银行持有相关债券将面临估值和账面损失，在季度末或年底业绩公布时可能会影响商业银行会计报表表现和资本资产回报率。

二是美元融资相关业务将受影响。随着美元汇率和利率同步走高，企业融入美元资金意愿将大幅下降，商业银行美元贸易融资和买方信贷，以及为"走出去"企业提供的美元项目融资等业务都将受到一定影响。

三是股票价格回调将增加商业银行流动性和经营风险。商业银行在经营过程中通过债转股、股票质押等方式被动获取的股票，在利率中枢上移时可能会面临价格调整，质押股票的市场价值将降低，流动性将大打折扣。此外，商业银行自身股价面临调整，年初以来，上证银行股累计下跌超过 15%，股价下跌会损害商业银行的品牌形象和声誉，影响资本市场对商业银行经营风险的判断，可能导致商业银行发债或资本补充计划成本提高。

（二）机遇

作为风险经营主体，随着市场资产价格波动增加，商业银行相关业务同样存在发展机遇。

一是利率中枢波动上移将增加商业银行净息差和盈利。商业银行资产负债结构具有借短贷长特点，在利率上升周期具有资产敏感性特征，长期利率上行有利于提高净息差收入和盈利能力。

二是为核心客户和大型企业发行人民币债券相关业务将获得发展。在前期全球宽松货币环境下，石油石化、交通运输、冶金有色等行业的大型企业对境外融资依赖程度较高。调研显示，约 16% 的中央企业境外或外币融资占比在 10% 至 30% 之间。而在海外融资服务方面，外资银行具有明显优势。随着外币融资成本提高，相关行业核心客户的融资需求和币种结构将转回国内和人民币，中资银行债券发行和承销业务将获得发展。

三是结售汇和外汇衍生品业务将获得发展。在汇率稳定期，企业汇率风险对冲需求较低，商业银行相关业务很难开展。随着美元指数短期再次上行，国际外汇市场波动将增加，波动方向更加难以判断，企业为了减少汇兑损失，将增加汇率风险对冲和套保业务安排，商业银行外汇相关业务发展将提速。

注：

1. 所谓"特朗普交易"，是指特朗普总统于 2016 年 11 月当选美国总统后，在其大规模基础设施建设、减税等积极财政政策刺激下的市场交易行情。"特朗普交易"行情以美债收益率、美元指数和美股为主要标的。

（本文原载于《债券》2018 年 7 月刊）

高效的金融基础设施是债券市场稳健运行的保障

唐凌云

　　乘着时代的高速列车喜迎中央国债登记结算有限责任公司(简称中央结算公司)成立 20 周年。20 年来,在监管部门支持和市场多方主体的参与下,中央结算公司秉承建设中国特色金融基础设施平台的宗旨,推进和见证了中国资本市场改革创新,特别是中国债券市场的发展历程,成为一家业务全面、人才聚集、科技领先、具有广泛国际影响力的金融清算托管服务机构。这 20 年得益于中国改革开放和经济发展,也得益于监管变革和创新,更得益于中国资本市场特别是债券市场的重要推动。作为中央结算公司规模最大、数量最多的客户类型,商业银行已经在规模、净利润、一级资本等多项关键指标位居全球商业银行排名的前列,并且由最初依赖于存贷款传统业务发展到信贷业务、全球金融市场业务、各类金融服务业务三足鼎立。快速发展的中国债券市场促进了商业银行经营方式和收入模式转型,为商业银行的债券投资和交

本文作者时任中国工商银行金融市场部副总经理。

易、承销发行、代理结算、托管等多类型新兴业务创造了发展机遇。目前，我国以债务工具融资为主的直接融资已经占社会融资的 50% 左右。客观地说，中国债券市场的发展推动了中国商业银行的发展和转型，其中中央结算公司的金融市场基础设施保障作用功不可没，我们衷心感谢中央结算公司为市场各方提供的优质高效服务。

中国工商银行已经连续 9 年获得由全球资讯和媒体机构评选的债券主承销发行额市场第一；过去几年为数千家非金融企业、金融机构和政府部门客户主承销发行了超过 3 万亿元人民币的各种债务融资工具产品，仅在 2015 年实现的主承销发行额就达到 1.15 万亿元，承销和分销的各类债券 2.24 万亿元。工行也是固定收益证券的最大机构投资者，所持有的固定收益证券余额超过 4 万亿元人民币；工行是人民银行公开市场一级交易商和财政部国债甲类承销商；工行自营及资产管理业务的债券托管量、货币市场业务交易量、代理结算、柜台债券交易等一直位列市场第一。仅以工行为视角就可以充分体现出中国债券市场日新月异的变化。

回顾中国债券市场近 10 年以来的快速发展，已经取得举世瞩目的成就，目前逐步进入相对平稳的发展阶段。伴随参与主体以及金融产品的大幅增长，市场结构的复杂性比以往大为增加，摩擦、矛盾和问题也逐步有所显现，在此提出几个需要引起关注的问题与大家共同探讨。

一是应通过整固基础设施来防止市场结构性失衡。

中国债券市场，特别是信用债券市场的发展进入深化改革期，以往高速发展过程中掩盖的矛盾和问题开始逐步显现。从表现上看，国际市场方面，新兴市场国家经济增长陷入停顿、部分国家经济问题和政治问题交织，局势不稳；发达经济体经济复苏路途漫长，宽松货币政策运用到极致后效果欠佳，后金融危机时代特征始终挥之不去。国内市场方面，中国作为世界经济复苏的重要引擎，但债券市场经济中发行主体信用资质逐渐下移，收益率分化。

在这种情况下，有必要通过完善债券市场基础设施建设，加强风险防范的有效措施，来防止市场结构性失衡的问题愈演愈烈。

完善基础设施建设包含多个层次。第一，发展需要坚持法治和市场化原则，进一步完善法律法规体系，统一监管规则，包括相同市场领域的程序、标准和做法；强化市场参与主体的契约精神，一方面把投资者保护制度纳入相关法制体系，保障债券市场的有序、公正、公平，增强市场的透明度；另一方面市场深化发展也需要适时推出可以管理和对冲信用风险的创新型风险交易工具，完善市场自身应该具有的风险规避手段和功能。第二，不断完善债券市场电子信息化基础设施，例如境内外联通的场外债券市场中央托管体系、集中的交易信息平台、规范的信息披露制度、安全稳健的资金清算系统等，这些基础设施可以保障债券市场运行透明、风险可控，为进一步推动债券市场健康发展奠定良好基础。第三，明确界定债券市场各类中介机构履职质量标准及其权利和责任，加强主承销商、审计师、律师等中介机构风控能力，严格规范尽职调查环节，强化募集说明书、公告、信息披露、债权持有人会议、投资者保护等相关法律文件条款的依法约定和执行。

二是伴随中国债券市场加大对外开放，境内外、中资与外资的融合和统一问题值得关注。

近年来，中国债券市场在"请进来"和"走出去"方面都取得了一定进展。目前境内银行间市场已经接纳包括国际开发机构、境外非金融机构和金融机构以及外国政府等多种类型的熊猫债发行人，累计发行量超过 360 亿元人民币；内地机构赴中国香港、新加坡和英国伦敦等地发行人民币债券的规模在不断增加，财政部也每年安排离岸市场的人民币国债发行计划。2015 年，人民银行对于境外央行类机构进入银行间债券市场实行备案制，取消投资额度限制，境外投资者投资中国债券市场的便利性大大提升，目前已有 300 余家境外机构投资银行间市场，类型涵盖境外中央银行或货币当局、国际金融机构、主权财富基金、人民币业务清算行、跨境贸易人民币结算境外参加行、境外保险机构、RQFII 和 QFII 等，外资机构配置境内高等级利率债和信用债的力度不断加大。

中国债券市场和国际市场交流的增多，客观上需要相关规则融合统一。我国监管机构在给予境外机构放开限制的同时，境外市场也需要给我国金融机构"国民待遇"，在主权债券承销方面互相给予参团资格，促进双方在同等条件下共同开展业务。在会计准则、审计标准方面，境内外市场需要建立统一互认的标准和转换机制，减少发行主体发债的工作量；在信息披露环节，境内外市场应该协调标准化的披露标准，便利投资人跨市场参与投资；在税收征缴环节，建立避免双重征税协调机制。同时，随着 10 月 1 日人民币加入 IMF SDR 成为一篮子国际储备货币之一，为满足 SDR 计价债券发行、投资、交易和汇率对冲等方面的需求，中国债券市场应进一步推动可以为人民币估值和定价的交易工具和产品创新，例如可以开发人民币指数类产品、SDR 基金产品等，努力提高 SDR 计价资产的市场规模和流动性，积极为国内外发行人和投资人筹集和配置优质资产搭建良好的平台。

三是中国债券市场的发展为服务实体经济融资需求提供了强大的支持，但是需要防止不同融资主体之间产生结构性矛盾。

目前，我国债券市场已成为除银行贷款外实体企业获得资金的第二大渠道，重要性进一步凸显，众多企业通过债券市场获得资金，丰富的债券品种也使得各类企业不同阶段的融资需求得到充分满足。通过各项措施，债券市场为重点领域建设提供了大量资金支持。以非金融企业债券融资工具为例，就为棚户区改造、保障房建设、铁路建设等领域提供融资近万亿元，为绿色能源、公共交通、环保技术等领域企业提供融资近 2 万亿元。一些国民经济支柱企业，具备巨大的外部融资便利，融资成本不断降低；与此同时，地方政府债券的大量发行也在降杠杆、降成本方面取得显著效果。需要关注的是，要防止部分融资体过度融资、融资杠杆过高导致资金资源浪费、效率降低甚至推升资产泡沫，特别是要避免过剩产能行业融资过度，阻碍经济结构转型的进程。当前国内中小企业和民营企业在创造就业、科技创新和技术进步，推动经济结构转型方面起到了不可替代的作用，但中小企业、民营企业融资难、融资贵的问题仍未得到根本性改善，需要通过制度、系统、观念的再造，切实推动中小企业融资难问题的改善，推动社会进步。

我们期望中国超过 10 万亿美元的经济总量和中高速的经济增速，继续为越来越多的境内外主体参与中国债券市场提供更大的空间。随着中国债券市场规则制度和基础设施的不断完善，将吸引来更丰富和更多元的融资和投资需求。

（本文原载于《债券》2016 年 11 月刊）

经济转型稳步推进　债市发展呈现新态势

宗良　智慧明

　　2018 年中国经济发展稳中有变，央行通过降准释放充裕流动性，债券市场快速发展，但也出现了信用违约事件增加和境外机构减弱投资国内债市的情况。展望 2019 年，在货币政策保持稳健中性、降息可能性较小的情况下，市场流动性将维持合理充裕，利率债收益率受基准利率约束将保持稳定，信用风险将得到缓解，债券市场国际化程度趋于提升。

2018 年中国债券市场回顾

　　2018 年经济发展稳中有变，央行通过降准释放充裕流动性，债券市场出现牛市。但在经济出现下行压力、政策传导不够通畅的背景下，信用违约事件增加，境外机构对国内债市投资减弱，但持仓量较上年仍有大幅增加。

本文作者宗良时任中国银行首席研究员；智慧明供职于安邦资产管理有限责任公司固定收益部。

（一）债券市场利率呈波动下行走势

在 2017 年经济数据向好和货币政策偏紧的作用下，债券市场利率上行趋势延续至 2018 年 1 月。由于基本面走弱、国内股市下跌等因素影响，货币政策侧重稳定经济增长、降低融资成本。截至 11 月中旬，央行在一季度上调货币政策工具利率 5BP，四次降准累计释放资金约 2.3 万亿元，市场利率整体呈现下行趋势（见图 1）。

数据来源：Wind

图 1 利率走势（单位：%）

以 10 年期国债为例，从年初至 11 月中旬的行情可分为四个阶段：

1. 年初至 4 月中旬：货币政策转向后的债牛启动

2017 年债市悲观情绪延续至 2018 年，在年初国内股市走牛的配合下，10 年期国债利率被推升至 3.98% 的高位。社会融资规模同比增速降低，从 2017 年 6 月的 14.8% 持续下降至 2018 年 3 月的 11.92%；社会消费品零售总额同比增速在 2017 年 12 月和 2018 年 2 月连续两期低于 10%。经济数据显示需求端乏力，货币政策开始出现放松。央行在 3 月美联储加息后仅上调货币政策工具利率 5BP，10 年期国债利率在 4 月 17 日降准公告的第二天大幅下行 15BP 至 3.50%。

2. 从 4 月中旬至 8 月初: 短暂调整后的再出发

受 4 月份缴税政策影响, 资金面边际收紧, 质押式回购加权利率总体上行, 10 年期国债利率向上调整至 3.71%。尽管 4 月规模以上工业增加值同比增加 7% 的数据高于预期, 但其增速下降的趋势未变, 固定资产投资和消费数据也未出现改善。在经济数据欠佳和两次降准的影响下, 10 年期国债利率回落至 3.44%。

3. 从 8 月初至 9 月末: 地方债供给压力下的市场调整

7 月 23 日国务院常务会议提出基建补短板, 加快 2018 年 1.35 万亿元地方政府专项债券的发行和使用。在地方债大量供给的压力和宽信用的预期下, 10 年期国债利率从 3.46% 上行至 3.70%。

4. 从 9 月末至今: 股债此消彼长, 降准和疲弱的经济金融数据引发新行情

10 月美股大跌引起国内股市共振, 市场避险情绪被激发, 国内市场股债跷跷板行情明显。10 月中旬年内第四次降准实行, 叠加三季度 GDP 增速降至 6.5%、10 月份金融数据低于预期, 这些因素引发新一波行情, 10 年期国债利率由 3.62% 下行至 3.35% 的年内新低。

(二)债券市场的主要特征

1. 流动性宽裕, 市场利率下行明显

降准释放充裕流动性, 三季度超储率较上年同期提高 0.2%, 银行间和交易所市场回购利率出现明显下行, 尤其是在下半年稳定于较低水平。截至 11 月中旬, 银行间 7 天回购利率有 16 个交易日低于 7 天公开市场操作利率 2.55%。三季度末资金面保持稳定, 银行间 7 天回购利率最高仅为 3.15%, 低于一、二季度末的高点 6.15% 和 4.59%(见表 1)。

表 1 银行间和交易所市场回购利率情况

回购品种	利率中枢（%）		下行幅度（BP）
	2018 年	2017 年	
R001	2.40 ~ 2.65	2.60 ~ 2.90	20
R007	2.70 ~ 3.15	3.05 ~ 3.60	40
GC001	2.50 ~ 3.40	2.80 ~ 4.45	70
GC007	2.65 ~ 3.80	3.20 ~ 4.50	60

数据来源：Wind

2. 利率债走出牛陡行情，交易盘驱动国开债表现优于国债

在充裕流动性影响下，短端利率下行更为明显，10 年期和 1 年期国债利差从年初的 22BP 增加至 11 月中旬的 88BP，走出牛陡行情（见图 2）。

在交易盘的驱动下，10 年期国开债与 10 年期国债的利差从年初的116BP 收窄至 56BP。基金和券商是国开债的主要投资者。随着债市行情向好，两类机构的国开债持有量增加至 2.25 万亿元，占国开债托管量比重升至 10 月的 28%，远高于同期持有国债所占比重。交易型机构

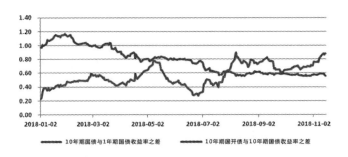

数据来源：Wind

图 2 利率债利差（单位：%）

带动国开债利率下行幅度大于国债。

3. 信用债违约风险加大，高低等级分化

进入 2018 年，信用债违约明显增加。截至 11 月中旬，共有违约债券 88 只、违约金额 886.8 亿元，金额超过 2014 年至 2017 年的总和。随着二季度首次违约主体增加，信用利差和等级利差分别上行 40BP 和 50BP（见图 3）。投资者风险偏好降低，AA 及以下评级信用债发行减少，高评级信用债需求增加带动信用利差下行 80BP。7 月央行窗口指导银行增配较低评级信用债，平复市场对信用风险的担忧情绪。尽管 8 月至

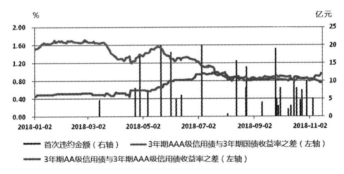

数据来源：Wind

图 3 信用利差、等级利差和企业首次违约金额

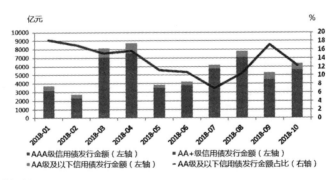

数据来源：Wind

图 4 信用债发行情况

10月首次违约主体再次增加，但信用利差和等级利差并未出现明显波动，低评级债券发行转暖（见图4）。

4. 境外机构加大国内债市投资力度，但因汇率贬值和利率下行吸引力有所降低

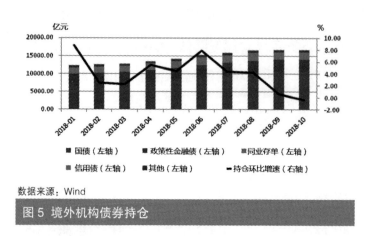

数据来源：Wind

图5 境外机构债券持仓

在加大金融市场对外开放的大背景下，"债券通"等制度建设促使境外投资者进入国内债券市场。2018年境外机构增加对国内债市投资，持仓以利率债和同业存单为主，占比分别为84%和12%。年初人民币保持升值趋势，市场利率绝对水平处于高位，境外机构加大投资力度，持仓环比增速一度超过8%。下半年人民币对美元贬值态势明显，逼近7的重要关口，加之市场利率水平相对年初处于低位，国内债市的吸引力降低。10月份境外机构债券持有量环比下降0.37%至1.66万亿元，较2017年末增加48%（见图5）。

2019 年中国债券市场展望

预计2019年经济转型稳步推进，在货币政策保持稳健中性、降息

可能性较小的背景下，市场流动性维持合理充裕，利率债收益率受基准利率约束保持稳定，信用风险出现缓和有助于压缩信用利差，债券市场国际化程度进一步加深，利于推进人民币国际化进程，但应关注贸易关系影响的不确定性。

（一）债券市场发展的宏观环境

1. 国内经济转型升级持续，贸易关系影响存在不确定性

2019 年供给侧结构性改革将有力推进产业结构优化并引领消费升级，帮助经济进行模式切换，实现高质量发展。2019 年货币和信用趋于改善，促进新旧动能转换。银保监会主席郭树清提出"一二五"目标，增加对民营企业的信贷支持；中国人民银行行长易纲 2018 年 11 月连续发声，通过"三支箭"的政策组合支持实体经济，号召金融机构支持民营和小微企业。从政府政策执行力的角度来看，建立国家融资担保基金和创设信用风险缓释工具等措施将促进金融机构对民营和小微企业的支持力度，尤其是对处于新经济领域的实体企业，将辅以更大规模的减税降费措施。2019 年信用通道有望疏通，但信贷投放一般领先 GDP 增速半年左右，2019 年经济在前期仍将承压。

中美贸易关系的状况可能会对经济产生严重影响，能否通过谈判解决仍存在不确定性。2019 年 1 月，美国对 2000 亿美元中国商品征收的关税税率可能上升。若持续升级，对美出口的产能或将转移出中国，影响国内出口部门就业，进而影响国内消费与投资，结果只会是两败俱伤。2000 亿美元对美出口产品中有近一半是中间产品，美国进口企业面临成本增加的问题。同样，对华出口的产能或将转移到中国。

2. 全球经济增长放缓，美国难以维持一枝独秀

IMF 预计 2018—2019 年全球经济增长率为 3.7%，较 4 月的预测值低 0.2%，并低于 2017 年的经济增速 3.8%，全球经济增长步伐将放缓。

从美国来看，减税和增加政府开支对经济的刺激作用将在 2019 年逐渐衰减。通过减税扩大税基的构想并未实现，2019 年财政赤字或超 1 万亿美元，政府财务状况恶化。货币政策收紧对资产价格的负面影响已经显现，房地产市场已经显示冷却信号。股票市场出现动荡，标准普尔 500 指数在 10 月一度产生 9.7% 的跌幅。资产价格出现颓势，美国经济很难维持一枝独秀。

美国国债收益率曲线再次出现扁平化趋势，10 年期和 3 个月期美债利差在 2018 年缩小 50BP 至 11 月中旬的 0.72%。从历史数据来看，加息和缩表将可能导致长短期利率倒挂，利率倒挂往往预示未来出现经济衰退。

（二）货币政策走向

2019 年货币政策仍将维持稳健中性状态。鉴于传导不畅是主要问题，金融机构对政府信用和担保品的依赖阻碍其对民营企业和小微企业的资金融出，通过单纯降息难以解决，且降息也会增大贬值压力，导致资本外流并影响人民币国际化。因此，降息可能性仍较小。出于保障市场流动性合理充裕的需要，存款准备金率仍有下降的空间。近期，外汇储备逐月减少，资本外流情况抬头。11 月初的首届国际进口博览会是扩大进口战略的重要标志。人民币汇率若持续贬值，不利于增加人民币贸易结算和提高国际储备货币地位，并会增加输入性通货膨胀风险，2019 年人民币汇率可望在双向波动中保持基本稳定。

（三）债券市场展望

1. 充裕流动性使利率债收益率处于低位，但在基准利率约束下继续下行空间受限

央行以本币资产作为担保品，通过公开市场操作、中期借贷便利（MLF）和抵押补充贷款（PSL）等方式投放基础货币。货币政策逐渐转向价格型调控，构建以常备借贷便利（SLF）利率为上限、公开市场操作利率为基准的利率走廊。从短端市场利率来看，存款类机构7天质押式回购利率（DR007）受到利率走廊约束，而1年期国债受到回购利率的约束。11月中旬出现1年期国债利率和DR007倒挂，并突破7天公开市场操作利率（见图6）。

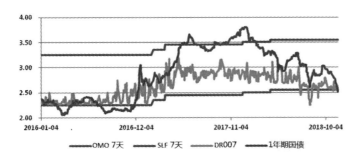

数据来源：Wind

图6 利率走廊（单位：%）

MLF是央行提供中期基础货币的货币政策工具，其利率能够影响中长端市场利率，5年期国债利率在8月初出现短暂突破MLF余额加权利率的情况。11月中旬，MLF余额加权利率为3.28%，被5年期国债利率再次突破，与10年期国债的利差不足10BP（见图7）。

在降息可能性有限的情况下，国债短端和中长端市场利率都会受

数据来源：Wind

图 7 MLF 和国债利率（单位：%）

到相应基准利率的约束，对基准利率的突破将会修正，继续下行空间有限。

2. 信用风险得到缓解，但需关注特定主体的信用风险

2019 年在稳增长预期和流动性持续宽松下，高评级信用债利率仍有下行空间，信用利差继续收窄。低评级信用债到期压力有所减小，主体评级 AA 及以下的债券到期量为 7.6 万亿元，较 2018 年下降 16%，再融资风险降低。

在宽信用未完全疏通、经济仍承压的情况下，有以下特征的发行人有可能发生信用违约事件。从公司治理角度看，主要是负债扩张较为激进、债务期限结构过于集中的发行人；从行业角度看，主要是受供给侧结构性改革影响的产能过剩行业发行人和受贸易环境冲击的高外贸依存度发行人。

3. 国内债券市场开放程度增强，利于推动人民币国际化进程

2019 年国内债券市场国际化程度将进一步深化，成为境外机构人民币投融资的重要场所。汇率将趋于稳定，人民币资产仍具吸引力，

境外机构将加大对国内债市的投资。自 2017 年 6 月"债券通"上线至
2018 年 10 月，境外机构的债券持有量从 0.83 万亿元翻倍至 1.66 万亿元，
在中央结算公司和上清所托管总量占比由 1.85% 升至 3.26%，持仓比
例有很大上升空间。从 2019 年 4 月起，国债和政策性银行债纳入彭博
巴克莱全球综合指数，未来将有更多海外被动投资资金配置国内债券。
在扩大进口战略背景下，人民币贸易结算将增加，这将有助于人民币形
成贸易项下流出、资本项下流入的循环，回流的人民币会成为国内债市
的重要配置力量。

　　人民币作为融资货币的功能增强，熊猫债市场持续发展。2018 年 9
月《全国银行间债券市场境外机构债券发行管理暂行办法》发布，完善
了境外机构在国内银行间债券市场发行熊猫债的制度安排。熊猫债市
场外国发行人将持续增多，尤其是"一带一路"沿线国家利用募集资金
开展项目建设。债券市场的开放将使人民币成为同全球开展贸易、金融
合作的重要纽带，中国与各国形成经济上的命运共同体，对抵制反全球
化和贸易单边主义具有重要意义。

（本文原载于《债券》2018 年 12 月刊）

关于"钱"的三个问题

殷剑峰

目前，金融界有两个令人挠头的问题："钱"从哪儿来？到哪儿去？要回答上述问题，可引入笔者 2013 年构造的一个宏观金融指标——信用总量。在金融部门的资产方，这一指标涵盖金融部门为包括政府、企业、居民在内的整个非金融部门创造的债务融资工具；在金融部门的负债方，这一指标既对应着货币——银行的负债，也对应着银行和非银行金融机构为资产业务融资而发行的各种契约型或者准契约型金融工具。同时，笔者还想回答一个规范经济学必须回答的问题："钱"应该去哪？

"钱"到哪儿去了

（一）"钱"的规模和流向

根据笔者调查，广义货币 M2 早已经不能反映"钱"的全部规模了：

本文摘编自作者所著《钱去哪了——大资管时代的资金流向和机制》，社会科学文献出版社 2017 年版。作者时任浙商银行首席经济学家。

2009 年，信用总量还只有 M2 的 88%，而到 2016 年，信用总量相当于 M2 的 1.2 倍。换言之，有 20% 的"钱"不在 M2 的统计范畴内。如果进一步考虑随后讨论的金融部门负债，则 M2 遗漏的信息就更多了。所以，我们看到最近几年中原来以 M2 为中间目标的货币政策发生了重大转变。

至于"钱"去哪儿了，信用总量的部门分布提供了清晰的观察。2016 年，在全部近 182 万亿元的信用总量中，政府部门为 36.8 万亿元，占比 20%，较 2009 年上升 5 个百分点，其中：中央政府占比由 2009 年的 11% 下降到 2016 年的 7%，而地方政府占比则由 4% 上升到 14%；非金融企业为 110.8 万亿元，占比从 71% 下降到 61%；居民部门为 72.2 万亿元，占比从 15% 上升到 19%。信用总量的部门分布变化清晰地表明，虽然企业仍然是"钱"流向的大头，但危机后"钱"更多地流到了地方政府和居民部门。与应对危机的扩张财政政策相一致，其他国家都是由中央政府增加负债。然而在我国，相对于其他部门，中央政府事实上是"往后缩"的。同时，创造财富、推动经济增长的企业部门在危机后也采取了相对谨慎的负债策略。相反，地方政府和居民部门成为增加负债、抵消经济周期性下滑的主力。

（二）"钱"的流向与非金融企业杠杆

以信用总量来刻画的"钱"实质为非金融部门的负债，因此，"钱"的流向变化决定了杠杆率（负债 /GDP）的分布。2016 年，非金融部门总体杠杆率（信用总量 /GDP）依然在上升，但增速趋缓。2016 年杠杆率为 244%，较 2015 年上升 13 个百分点，而 2015 年较 2014 年上升 21 个百分点。与上述信用总量部门变化一致，杠杆率增速趋缓主要源于非金融企业去杠杆取得进展，与此同时，中央政府杠杆率保持不变，地方政府杠杆率和居民部门杠杆率则分别比 2015 年上升 8 个和 5 个百分点。

2016 年非金融企业（不含地方平台贷款和城投债券）杠杆率为 149%，较 2015 年下降 1 个百分点。事实上，2009 年"四万亿"之后，除了 2011—2012 年有一个短期回升之外，非金融企业负债增速总体上是下降趋势——这个特点与危机后美国的情况类似，说明在扣除地方平台和城投公司之后，我国非金融企业部门的资产负债表并非许多人想象得那么糟糕。例如，考察工业企业的"微观杠杆率"，即企业资产负债率，可以发现，全球危机后工业企业总体上呈现去杠杆的趋势，其中，私营企业表现得更加明显。股份制企业的资产负债率则是典型的（理性的）顺周期行为：在 2008 年危机前加杠杆，危机后去杠杆。就国有工业企业来说，虽然在 2009 年后为应对危机而迅速加杠杆，但自 2013 年后也在去杠杆。目前，国有工业企业的资产负债率已经接近 2007 年的最低水平。

在剔除地方的平台企业和城投公司之后，非金融企业去杠杆的问题并没有目前舆论所说的那么迫切——尤其是进一步剔除非金融企业负债中涉及基建和房地产的部分之后。相反，随着经济的反弹复苏，非金融企业需要加杠杆。从 2017 年一季度数据看，恰恰如此：非金融企业债务增速达到 11.6%，高于 2016 年四季度的 9.4%。不过，从债务融资工具结构看，非金融企业债务融资增速反弹主要依靠非银行金融机构的信用供给，而贷款增速和债券增速均低于、甚至大大低于去年四季度的水平。由此看来，如果当前金融去杠杆过快，不仅会提高市场利率水平，还会减少非金融企业的信用可得性。

（三）"钱"的流向与地方政府和居民部门杠杆

地方政府是 2016 年杠杆上升最快的部门，其风险值得高度关注。

我国地方政府本级财政收入一直低于本级财政支出，地方财政赤字的弥补一靠中央财政转移支付，二靠地方基金收入中的土地出让金收入。近些年，土地出让金占地方本级财政收入的比重稳定地保持在 40% 左右，它已经成为许多地方政府、尤其是中西部地方政府主要的可支配财力。因此，房地产的状况对地方政府偿债能力非常关键。

关于中国的房地产市场，当前的要点是防止发生区域性风险事件。从"房子是给人住的"角度去思考，人口多少是决定区域房价能否"挺住"的基础，因此，我们可以将各地房价与当地人口指标做一比较。可以看到，以房价涨幅与外地户籍人口之比看，位于前列的均为中西部和东北地区的省份，而上海、北京、浙江、广东等东部地区，尽管房价远远高于中西部地区，但此指标却是最低的。这一状况说明，东部地区房价上涨在相当程度上反映了人口向本地集聚的趋势，而中西部地区房地产市场则主要还是取决于区域性因素。进一步用房价涨幅与人口涨幅之比来观察，其结论基本一致，只不过黑龙江、广西、吉林三省因为人口负增长而导致这一比值为负值。

居民部门也是迅速加杠杆的部门，其风险同样不容忽视。2016 年居民部门的一个显著变化是新增居民债务超过了新增储蓄，居民部门成为净融入资金部门。这一现象在 2007 年也曾经发生过，当时我国房地产市场也处于历史顶点。判断居民部门风险的一个指标是居民部门负债与劳动者报酬之比，2016 年我国这一指标已经达到 90%，大体相当于美国 1994 年的水平——似乎问题还不大。不过，美国居民部门有大量的财产性收入，而中国居民部门的财产收入微不足道。进一步从国民收入的部门间分配看，我国居民部门的可支配收入只占国民可支配收入的 60%，低于美国的 70%。就个人间收入分配差距而言，我国基尼系数高达 0.46，早已经超过 0.4 的警戒线。从存量资产分配看，全国 120 万高净值人群的可投资资产相当于全部可投资资产的近 30%。所有这些关于收入和财产分配的指标，其含义只有一个：负债向收入中低端家庭累积，资产向收入中高端家庭累积。所以对于居民部门的风险需要分区域、分家庭进行分析，不能依靠总量平均指标。

"钱"从哪儿来

（一）"钱"的来源分布

以信用总量来研究"钱"，它一方面对应于非金融部门的负债，另一方面则对应于金融部门的资产。因此，"钱"的来源就必然与金融部门的结构变化密切相关。2009 年以来我们金融体系的一个重大变化就是非银行金融机构和非金融债券市场的崛起。按理说，这种变化将对"钱"的来源结构产生同样重大的影响。但是揭开面纱之后发现，"钱"还是主要来自银行。一方面，作为传统银行业务，银行信贷的规模占整个银行信用创造的比重下降；另一方面，随着银行非信贷业务的发展，传统信贷之外的信用创造活动成为银行资产业务增长的动力。例如，尽管这些年我国非金融债券市场快速发展，但非金融债券的主要持仓机构还是银行。2016 年，银行持有的非金融债券高达 26.8 万亿元，占非金融债券存量的 60% 以上。此外，银行通过表外业务（如银信政合作、委托贷款）进行的信用创造活动也快速发展。所以，总体上看，在非金融部门的信用总量中，银行信用依然高达近 88%。

虽然"钱"还是主要来自银行，但非银行金融机构的份额确实存在上升趋势。从非银行金融机构的信用创造活动看，其持有的非金融债券最为重要，但占非银行金融机构信用合计的份额不断下降，份额上升的主要是委托贷款、信托和保险的信用创造。至 2016 年，在非金融部门的信用总量中，非银行金融机构信用占比已经上升到 11% 强。

（二）"钱"的来源与金融部门杠杆

随着传统银行信贷下降、非传统银行业务和非银行金融机构份额的上升，"钱"的来源日益多样化，这也导致金融部门内部的相互负债不断增加和金融部门杠杆率持续上升。

与非金融部门杠杆率的变化类似，我国金融部门杠杆率（不含存款的金融部门负债 /GDP）呈现继续上升、但增速趋缓的态势。2016 年金融部门杠杆率为 97%，较 2015 年上升 9 个百分点，而 2015 年较 2014 年上升 11 个百分点。

从金融部门内部相互负债看，非银行金融机构对银行的负债自 2015 年一季度起就成为最大科目，并且上升也最为迅速，这也进一步说明，非银行金融机构的"钱"有很多依然是银行的"钱"。

就银行而言，"对其他金融性公司债权"已经成为近些年资产扩张的主要科目。从 2009 年"四万亿"之后，这一科目的增速由 20% 上升到 2011 年的 60%，并一直维持到 2016 年的三季度。至今年一季度，"对其他金融性公司债权"已经接近 28 万亿元，占银行部门总资产的 11% 左右。此外，银行部门资产中另一个值得关注的科目是"对政府债权"，这一科目自 2015 年一季度实施地方政府债务置换开始加速上涨。今年一季度，"对政府债权"的规模达到 17.5 万亿元，较 2015 年一季度增加超过 10 万亿元，这增加的部分基本上就是地方政府债券。

（三）"钱"的来源与金融资源错配

虽然"钱"的来源多样化，但"钱"的流向还是偏好房地产，包括与此直接相关的房地产企业贷款、个人按揭贷款和间接相关的基建项目等。非银行金融机构在获得包括银行资金在内的融资之后，其资金运用又有相当部分进入地方政府的基建和房地产项目。粗略估算，在目前非银行金融机构给实体部门提供的 25 万亿元资金中，至少有 30%、即 8 万亿元左右与地方政府基建和房地产相关。除了非银行金融机构的资金运用偏好基建房地产，传统的银行信贷也是如此。

近期的金融去杠杆进程有助于扭转资源错配的格局。随着金融同业负债增速的急速下降，2017 年一季度金融负债增速已经下降到过去十年来仅高于 2008 年的水平。不过，即便如此，增速也在 13% 左右。如果全年 GDP 增速保持在 6.9% 左右，并考虑到金融去杠杆速度不能过快，预计 2017 年我国的金融杠杆率还将有所上升。

"钱"应该去哪

（一）美国的案例启示

美国次贷危机前的经历与我国 2009 年后的情况有颇多相同之处。美国在 2000 年信息技术泡沫破裂后，由于实体领域投资回报下降、投资机会匮乏，而金融创新非常活跃，加之货币金融管理当局在相当程度上的默许，"钱"的来源日益多样化，规模不断上升，但最终流向都是去了房地产。危机后，美国"钱"的流向和来源都发生了深刻变化。就杠杆的变化看，就是杠杆在部门间——而不是简单地去杠杆。

观察美国非金融部门的杠杆结构可以发现，危机后迄今的家庭部门和州政府一直处于去杠杆的过程：前者杠杆率从 2007 年的 98% 下降到 2016 年的 79%；后者则从 20% 下降到 17%。相比之下，家庭部门是去杠杆的主力——这也很容易理解，因为次贷危机爆发本身就是源于家庭部门过度加杠杆。非金融企业部门在 2008—2011 年间也在去杠杆，杠杆率由 73% 下降为 66%；但是，从 2012 年开始，非金融企业部门开始加杠杆，其杠杆率上升到 2016 年的 76%。由于危机应对措施，联邦政府一直在加杠杆，2007 年联邦政府的杠杆率为 42%，2016 年达到 86%。

杠杆在部门中进行腾挪的过程中，整个非金融部门的杠杆并未下降。不过，这种腾挪对经济的恢复却起到至关重要的作用：一方面，过度负债的家庭部门逐渐修复资产负债表，同时，联邦政府加杠杆、并与美联储量化宽松政策一起实施扩张的财政货币政策，以稳定市场；另一方面，起初资产负债表就相当健康的企业部门在经历短暂去杠杆后，加杠杆推动经济增长。

对于金融部门来说，则出现了总体性的金融去杠杆。不过，即使在金融部门内部，也并非所有部门去杠杆。将金融部门分为银行、非银行金融机构和资产证券化产品等三类，笔者发现仅有资产证券化产品发生了大幅度萎缩，实则是次贷证券化产品出现了大幅度萎缩。

因此，综合危机后美国杠杆结构的变化，一个显著的特点就是，去杠杆"去"的都是与房地产相关的杠杆，包括家庭部门的杠杆和次贷证券化。非金融企业先去杠杆、后加杠杆，扣除证券化后的金融部门则是稳杠杆，为经济向上转折提供了条件。

（二）新兴产业需要"钱"

美国的经验教训告诉我们，"钱"至少不应该那么"热情地"拥抱房地产。然而，我国的"钱"恰恰是在2009年危机后更多地流向与房地产直接、间接相关的行业、部门。其中部分原因确实在于危机打击之下，实体产业投资机会匮乏、投资回报低迷。不过种种迹象表明，当前我国乃至全球经济都处于一个向上转折的时点。在经过多年的痛苦调整之后，我国的产业结构发生了深刻的变化，这些产业正在产生大量投资机会，这些产业需要"钱"。

从2015年开始，我国第三产业对GDP增长的贡献就大幅超过了制造业。2016年第三产业拉动GDP3.9个百分点，第二产业仅有2.5个百分点。我国已经进入工业化后的服务业化阶段，这个阶段有一个令人担忧的问题就是"鲍莫尔病"：由于服务业的劳动生产率和全要素生产率低于制造业，服务业化将导致经济增长放慢，甚至陷入停滞。发达经济体和所谓"中等收入陷阱"国家的经验教训表明，服务业的劳动生产率是否能够超过制造业，决定了经济体能否迈过门槛进入高收入阶段。根据统计，在我国的二产和三产劳动生产率中，三产一直低于二产，但一个良好的迹象是两者的差距在不断缩小。2016年三产人均产值已经相当于二产人均产值的90%。如果这种差距缩小的趋势能够维持，在2018年三产劳动生产率就能够与二产持平。

目前制约三产劳动生产率的关键因素是科教文卫等现代生产性服务业依然处于"事业单位"的体制束缚之中，效率相对较低。如果今后能够加快事业单位体制改革，三产将迎来更快的发展。

（三）新兴技术吸引"钱"

无论哪个行业被归为"新兴"之列，"钱"的流向归根到底取决于投资回报，而投资回报归根到底取决于技术进步。近些年，我国技术进步的成就显著。按照世界知识产权组织的统计，中国专利申请数量自全球危机后加速上升，2013 年超过德国，2016 年同比增加 46%，接近日本的水平。

在专利申请数量加速上升的背后，是大量的研发经费投入。2016 年我国研发经费达到 1.55 万亿元，较 2009 年增长近 3 倍，规模仅次于美国。从研发经费投入强度（研发经费 /GDP）看，2015 年超过了 2%，与美国（2.74%）、德国（2.84%）和日本（3.59%）相比，还有很大的上升空间。在研发经费的来源方面，政府经费占比从 2000 年的 29% 下降到 2015 年的 15%，企业经费占比由 60% 上升到 77%。我国已经成为世界上少数几个企业研发经费占比超过 75% 的国家。

从制造业内部看，研发投入强度超过制造业平均水平的均为技术和资本密集型行业，这些也是近些年我国技术进步非常显著的行业。

除了技术进步之外，资本投资的效率也是决定投资回报的重要因素。资本投资的效率，即资本边际报酬随资本产出比递减，其直观含义非常明显：资本过多，则资本投资的回报就较小。我国较低的资本产出比意味着较高的资本边际报酬，从而资本投资还将成为经济增长的主要动力。

（本文原载于《债券》2017 年 9 月刊）

房地产长效机制建设的当务之急

聂梅生

当前，房地产长效机制建设是市场关注的热点话题之一，房地产资产证券化是房地产长效机制建设的一项内容。既然是长效机制，就不可能在短期内完成，一定要与供给侧结构性改革联系在一起。我国供给侧结构性改革已经进入深水区，房地产长效机制建设也存在一定困难。中国 REITs（房地产信托投资基金）出台之所以这么难，是因为现存的一些问题与原来的政策、住房制度改革密切相关。

我国房改历程及长效机制"三件事"

（一）我国房改历程简要回顾

近 20 年来，我国住房制度变化很大，大体上可以分为以下几个阶段：

第一阶段（1998—2002 年），以经济适用房为核心。1998 年，我国提出住房制度改革，这次改革的目标是建立和完善以经济适用房为主

本文根据作者 2018 年 5 月 9 日在"2018 房地产资产证券化高峰论坛"上的发言整理而成。作者时任全联房地产商会创会会长。

的多层次城镇住房供应体系，由此住房货币化改革迈出实质性步伐。

第二阶段（2002—2008 年），实行土地招拍挂制度。2002 年，我国提出土地招拍挂制度，以商品住宅的方式解决保障房的问题，普通商品房取代经济适用房成为市场的供应主体。这个阶段持续时间较长，随着房价不断上涨，调控政策不断出台。

第三阶段（2008—2017 年），政府加大保障房政策力度。自 2003 年以来，我国住房供应不断市场化，随着房价不断上涨，部分居民住房需求难以得到保障。在此背景下，2008 年我国推出了保障房制度，并在此后不断加大保障房建设和供给力度。

第四阶段（2017 年至今），实行租购并举的方式。党的十九大报告提出"坚持房子是用来住的、不是用来炒的定位，加快建立多主体供给、多渠道保障、租购并举的住房制度，让全体人民住有所居"。由于住房制度的大幅变化往往会带来与之相关的金融政策、土地政策等一系列变化，这次租购并举的方式将会是一次根本性的变化，后续还会出台更多的政策加以落实。

（二）房地产长效机制"三件事"

那么如何落实租购并举？我认为会涉及三件事：地根、银根和税收。可以说，这三件事哪一件都不好解决，但是又必须得解决，才能形成长效机制。下面梳理一下这三件事的内在关系。

一是需求方面。从总体上看，任何一个国家的房地产都有两个需求，即居住的需求和资产增值的需求，这里我们侧重分析资产增值的需求。房产本身是一种资产，除非我们一开始就像德国那样，不让房子进入市场而只是保留房子的居住功能。如果那样的话，房子就没有资产增值的需求。

从我国来看，资产增值的需求是客观存在的，因为房子已经变成居民最重要的一项资产，尤其是在大城市、特大城市里，一套房子往往具有巨大的价值。资产增值的需求是讨论住房需求的基础性问题，也是不能回避的问题，买房和租房都具有资产属性。从金融角度看，租购并举呼唤着出台新的金融政策和金融产品，因此对于这件事情必须系统地去理解。

二是供给方面。要想实现"只住不炒"的目标，需要建立新的供给制度。供给侧结构性改革涉及地根、银根、税收问题。首先，从地根来看，原来的土地招拍挂制度在一定程度上加剧了房地产市场炒作倾向。为什么炒房？是因为房价高。为什么房价高？是因为土地升值太快。为什么土地升值快？是因为实行招拍挂制度以后，地方政府对土地财政政策的持续依赖。如果不改变招拍挂方式，不限制拿地，不取代目前的拿地方式，房价将难以降下来，在这种形势下就还会有投资行为或者炒房行为。我们看到，近年来随着农地入市、限制拿地等新政策的出台，慢慢取代了土地招拍挂的方式。此外，要稳定土地价格和租房价格。如果土地价格下不来，租房市场这部分会很难做，因为随着房价不断上涨，对于购房者来说，仍然是买房比租房更合适。因此，要改变相关土地政策。其次，从银根看，为防范风险，促进房地产业健康发展，需要加强对开发贷、按揭等几类融资方式的管理，需要去杠杆。近年来，我国金融领域已实行了很严格的去杠杆，随着一系列金融改革措施的出台，当前去杠杆已经很有成效。最后，涉及税收问题，下面会做具体分析。

租购并举的金融支持

地根、银根、税收都在变，租购并举需要金融支持。我们在"关上一扇门"的同时，一定会"打开一扇窗"，现在进行的就是"打开一扇窗"的探索。这扇窗怎么打开？我认为在租房领域，即在公租房或共有住宅领域必须引导资金流向。对于房地产这个每年销售额达到十几万亿元的产业（2017年为13万亿元）来说，由售转为租，需要强有力的金融支持，而现在租房市场的资金量是不够的。因此，我们出台资产证券化、REITs，促使资金向这边流，就是在"打开一扇窗"。那么如何培育有效的租房市场？我认为只有提高投资收益率，提高租售比，才能让资金转移。

（一）关于房价、租金、收入及房产税的分析

下面分析租房和买房的关系，这里可以借助月租金／月供这一指标来分析。在一些市场发展较为成熟的国家，比如美国，一个地区的房价取决于这个地区的房屋租金水平，如果月供与月租金水平相当，意味着消费者既可以选择买房也可以租房。但目前我国房屋的月租金与月供倒挂比较严重，如果不理清二者之间的关系，房价将难以调整。此外，消费者是选择租房还是买房，还与工资收入有一定关系。一般来说，当月供占居民家庭工资收入的比例不超过60%时会相对合理。而目前我国一些大城市、特大城市中房屋月供占工资收入的比例过高，房价收入比不够合理，对购房者个人及其家庭形成了巨大压力。

更进一步地分析，要理清月租金、月供与工资收入三者的关系，还要谈谈房产税的问题。从我国来看，目前这四项指标尚需调整。举例来说，假设某人有一套房屋用于出租，政府对房屋征收房产税，这时将房屋租金收入与房产税支出相抵后的收益再与每年房屋涨价后的增值收益相比。那么依照当前房地产市场状况（一些发达国家的房产税是1%～2%，中国试点城市的房产税税率接近这个范围），无疑是房屋涨

价后的增值收益更多。由此可见，如果上述四个指标之间的关系不能很好地理顺，那么不管是做 REITs，还是出台房产税，都会遇到很多现实问题。换言之，在考虑房价问题时，必须将工资收入、月供、月租金、房产税这几个指标统筹进行考虑。

目前，我国房产税的征收可能存在一定困难，如果按照老人老办法、新人新办法去执行，一个典型的问题是：由于过去是福利分房，当时的一套房产现在已升值了几十倍甚至上百倍，房产的入账价值与实际价值会有非常大的差距。在此情况下，房屋所有者可能既不出租，又不出售，也不去住，因此在计税依据上会存在问题。

（二）几个关键指标的比较分析

先看看房价收入比情况。国际上房价收入比一般的合理范围是在 3 ~ 6 倍，我国有 18 个城市的房价收入比超过 6 倍，其中北京为 25.5，上海为 23.5，厦门为 22.1，深圳为 20.1。那么这些城市到底是收入不合理，还是房价不合理？我认为收入是合理的，2017 年我国居民人均可支配收入增速（7.3%）已经超过了 GDP 增速（6.9%），房价收入比过高是因为房价涨得太多。

再看租售比。租售比过高，说明房价偏低；租售比过低，说明房价偏高。从发达国家来看，一些人口密集大城市的租售比在 1 ∶ 200 左右，我国北京的租售比为 1 ∶ 806（2017 年）。比较来看，北京的租售比偏低，说明房价偏高。对于房屋持有者来说，出租房子并不划算。

再看土地楼面地价和租金回报率。2008—2017 年，我国土地楼面地价在房价中的占比已经由 20% 提高到 40%，上涨了一倍。而同期，我国租金回报率在下降，其中 2017 年还不到 1.5%。这意味着房价涨得太快，租售比不合理。从国际上来看，美国商品住宅租金回报率约为 6% ~ 7%，日本约为 5% ~ 6%，加拿大约为 4% ~ 5%，而我国是 1% ~ 2%。如果要吸引机构做长租公寓项目，那么估计得将租金回报率提高到 6% ~ 8% 时才会有机构愿意做，这就是现状。因此，从房地产市场建设来看，提高我国房屋的租金回报率有利于 REITs 的发展。

再看租赁人口占比及租赁房屋占比情况。2017 年，英国租赁人口占比及租赁房屋占比都是 37%，日本租赁人口占比及租赁房屋占比分别为 33% 和 35%，我国的租赁人口占比及租赁房屋占比分别为 12% 和 18%。从具体城市来看，东京租赁人口占比为 50%，旧金山为 60%，我国香港为 46%，深圳为 34%，上海也有 40%，北京则不到 30%。由此可见，我国大城市租赁人口占比还有待提升，只有这一指标提升了，机构才愿意进来，才有利于将租赁市场的 REITs 做下去，从而让大家享受租金的收益率。

总结

中国的房价确实偏离了租金、工资收入。从地价看，如果不改革土地所有制、住房制度，则难以推进房产税。从企业利益角度看，房地产企业未来是否会做长租公寓，取决于存量土地成本，地王最后还是要将房子卖出去的，因为长租公寓与之相比，成本收益难以与之等量齐观。

总之，在新的住房体制变革到来之际，我们需要用改革的思路综合考虑各要素的制约和平衡关系，实现新的政策性突破。

（本文原载于《债券》2018 年 7 月刊）

融资依旧偏紧　信用分化加剧
——房地产行业债务及融资状况分析

姜超　杜佳

近期房地产市场出现了一些新的变化，一方面多地出台新一轮地产调控政策，另一方面金融监管政策未松、资管新规落地，均对地产公司融资产生影响。本文将对房地产行业债务及融资情况进行剖析，并基于此提出当前进行房地产债投资时应关注的要点。

高杠杆模式依旧　债务规模攀升

（一）有息债务规模持续攀升

通过分析 A 股全部上市房地产公司的样本可发现，2017 年以来房地产行业有息负债余额增速虽然较 2015—2016 年有明显回落，但仍旧在 25% 以上的高位水平。截至 2018 年一季度末，上市房地产企业有息债务规模已接近 3 万亿元（见图 1）。

本文作者姜超时任海通证券研究所副所长；杜佳供职于海通证券研究所。

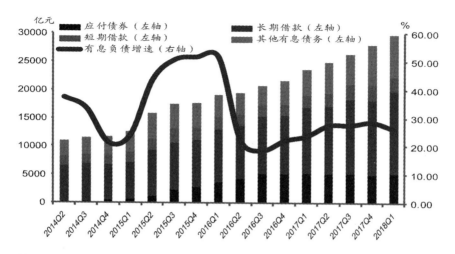

资料来源：Wind，海通证券研究所

图1 上市房地产企业有息负债规模

分拆有息债务的结构来看，2017年以来上市房地产公司在应付债券项目的规模已几无增长，这与过去一年房地产企业债券净融资低迷有关；长短期借款项目规模增加，2017年底较2016年底增长了28.6%，增速明显回升；其他有息债务增速较快，包括应付票据、一年内到期的非流动负债等。

（二）高杠杆模式依旧

从A股上市公司所属行业横向对比看，2017年房地产和建筑行业上市公司的资产负债率仍旧是最高的，超过70%，且房地产行业与2016年相比整体负债率反而增加了2.2个百分点。在2017年去杠杆的整体背景下，多数行业的杠杆率都有不同程度的降低，但从上市公司情况看，房地产行业依旧属于高杠杆模式。从微观数据看，截至2018年一季度末，A股上市房地产公司中有超过3成的企业剔除预收账款后的资产负债率超过70%。

紧信用下再融资整体收缩

（一）贷款：表外回表内，房产开发贷增速持续回升

1. 开发贷款增速回升

自 2016 年地产调控以来，银行收紧向地产企业发放开发贷的审核，具体措施包括禁止"配资拿地"、拒绝给"五证不全"开发商提供贷款等。

从贷款数据看，自 2017 年起地产开发贷款确实出现了大规模缩减，2017 年主要金融机构的地产开发贷余额净减少了 1500 亿元；但房产开发贷表现则有所不同，2016 年上半年房产开发贷规模同比增速小幅下滑，但在地产调控政策出台之后，增速反而逐渐回升，2017 年房产开发贷余额净增 1.34 万亿元，2018 年一季度继续增加了 7000 亿元。总体来看，2017 年主要金融机构房产开发贷加上地产开发贷余额增速最终为 16.74%，从融资量角度看，银行对符合房产开发标准的项目支持不减。

2. 个人购房贷款继续下滑

2017 年个人购房贷款余额增速拐头向下，全年个人购房贷款余额净增 2.76 万亿元，净增额较 2016 年减少了 2.2 万亿元。从月度新增居民中长贷来看，2017 年以来明显较 2016 年降了一个台阶，全年新增居民中长贷 5.3 万亿元，较 2016 年少了 3800 亿元，2018 年 1—4 月新增居民中长贷 1.64 万亿元，同比也减少了 0.26 万亿元（见图 2）。

3. 并购贷款或收紧

并购类融资存在一定规避监管的可能，如特定的融资主体（产业投资公司或实业类公司）对地产项目的并购在一定程度上可以绕开对底

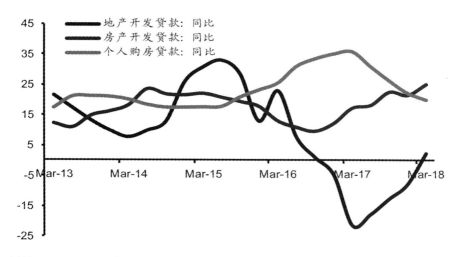

资料来源：Wind，海通证券研究所

图 2 房地产开发贷、个人购房贷款余额同比增速（单位：%）

层资产的监管要求，所以目前市场上仍存在不少产业并购基金或其他
并购产品。

但近期有关房地产土地项目并购贷款的政策正在收紧，如上海银
监局于 2018 年初发出《关于规范开展并购贷款业务的通知》，明确并
购贷款投向房地产开发土地并购或者房地产开发土地项目公司股权并
购的，应按照穿透原则，拟并购土地项目应该完成在建工程开发投资总
额的 25% 以上；不得投向未足额缴付土地出让金项目，不得用于变相
置换土地出让金；防范关联企业借助虚假并购套取贷款资金。这份文件
具有风向标的作用，除了上海，江浙金融机构也或多或少受到该政策的
影响。而其他地区的银行在做并购贷款业务时，都要求项目符合"四三二
条件"，即开发项目必须"四证"齐全、项目总资金中的企业自有资金至
少达到 30%、开发商具备二级以上资质。

目前银行还可以在符合条件的情况下发放项目抵押贷款，但委托贷款在委贷监管从严后已经鲜有新增。

4. 2017 年上市银行的房地产公司类贷款余额增速在 10% 左右

截至目前，所有上市银行 2017 年年报均已披露。我们统计了 26 家上市银行公司类贷款中投向房地产行业的贷款余额，发现总的余额增速为 10.7%。分银行类型看，2017 年五大国有商业银行和 8 家股份制商业银行的新增房地产行业公司类贷款余额增速分别为 10.2% 和 10.8%，城市商业银行和农村商业银行的增速为 15.4%。当然，同一类型中不同银行的具体情况不尽相同，比如股份制商业银行中，兴业银行提供给房地产行业的公司类贷款近两年一直在减少，平安银行的房地产公司类贷款余额增速也比较低。

5. 房地产行业贷款占比稳中略升

从上市银行的数据统计来看，五大国有商业银行房地产行业占所有公司类贷款的比重从 2016 年的 7.8% 小幅抬升至 8.0%，股份制商业银行这一比例从 2016 年的 13.9% 上升到 14.5%，而 13 家上市城市商业银行和农村商业银行这一比例从 2016 年的 11% 小幅降至 10.9%。从行业贷款占比上看，2017 年房地产行业较 2016 年是稳中有升的。

而从各家银行对于房地产行业的政策看，尽管多数银行提出要加强风险管理，但对于大型优质房地产客户，银行在投放贷款时还是会进行支持的。因此，在金融监管加强、资金回表的背景下，银行表内信贷对房地产企业的总体融资支持会有所增加，但这会受到资本金约束、行业政策导向以及信用风险暴露状况的影响；而且在结构上，大型优质房企才是能够获得信贷的主体，风险较高的中小型房企获得信贷的难度依旧较大。

（二）债券：监管尚未松绑，融资仍旧低迷

1. 债券融资短期有所回升，但伴随债市调整再次回落

在债市调整以及房地产公司债被分类监管的背景下，2017年房地产企业债券融资量较2015—2016年锐减，全年总融资额1264.9亿元，仅为2016年的16.9%，减少了6222亿元。2018年1—4月，房地产企业净融资量为616亿元，3月房地产公司债融资有大幅回升，其债券发行量达549.5亿元，净融资额353.2亿元，是2016年10月以来发行量最高的月份。

但随着债券市场的调整，房地产债券融资量再次回落。4月地产债发行量回落至299.1亿元，5月中上旬房地产债券发行量共计155.2亿元，净融资量119.3亿元，仅为4月中上旬的1/3。

2. 对房地产公司债的监管是持续性的

在2016年九、十月份，证监会、上交所、深交所陆续发布了针对房地产业公司债的分类监管方案，要求根据基础指标和综合指标将企业分类为正常类、关注类和风险类三类企业，对关注类企业发债将进行严格审核，对风险类企业的发债申请原则上不予通过，需通过第三方担保等增信措施提升债项评级至 AA+ 及以上，按关注类企业进行审核。

2017年四季度以来，房地产公司债审批速度确实较前期加快。据统计，2017年发行的公司债大部分是在2016年9月之前拿到发行批文的，而2017年四季度新批（2016年9月之后获证监会批准发行）小公募（即面向合格投资者公开发行的公司债券）的发行数量增多。2018年以来发行的20只小公募中，除了华侨城的6只、大华集团和金地集团各1只外，均是2017年以后拿到批文的。同时交易所审批也有

所加快。但不管是从已经成功发行的量上看，还是从审批通过的计划发行量来看，目前房地产公司债新增规模都远远不及本次监管政策出台前。

（三）海外融资：发债规模快速增加

受国内地产债券融资收紧影响，不少房地产企业积极寻求海外发债融资。据彭博统计，2017年国内地产企业海外发债规模达到3164.6亿元，创历史新高，是2016年的4倍；发债品种以美元债为主，还有少量境外人民币债。2018年以来，房地产企业海外发债热情依旧高涨，截至5月20日，今年已经发行接近1900亿元的境外债。

（四）非标：面临穿透和打破刚兑，地产非标融资规模趋降

除了传统的银行贷款、发债、定向增发等渠道，房地产企业也会通过信托、资管计划、基金等渠道筹集资金。

自2017年四季度起，规范银信业务的政策和资管新规出台，对信托通道业务影响较大。2017年12月22日，原银监会发布《关于规范银信业务的通知》，首次明确将银行表内外资金和收益权同时纳入银信类业务，并在此基础上明确了银信通道类业务的定义，要求在银信类业务中，银行应按照实质重于形式原则，将穿透原则落实到监管要求中，并在银信通道业务中还原业务实质，进一步规范银信类业务中信托公司的行为。该通知的发布对于以往主要以银行系通道业务为主的信托机构影响较大，信托公司纷纷由通道类业务向集合信托类业务转型。

资管新规的出台则限制了诸多嵌套手段，也对银行表外业务进行了更明细化的管理。此前信托很大一部分资金来源就是理财资金，在

监管加强的背景下,以通道业务为代表的银信业务规模势必会大幅缩减。

经过约半年的时间,目前监管的影响已经显现。原银监会1月份的数据显示:事务管理类的信托资产规模为15.45万亿元,比年初减少了1959亿元,环比下降1.25%;其中银信通道业务资产规模8.39万亿元,比年初减少了1137亿元,环比下降了1.34%。用益信托最新统计数据显示,今年1—3月事务管理类信托产品的发行数量分别为81款、51款和15款,下降趋势明显,资管新规对通道业务的影响已经显现。

在上述背景下,地产信托融资规模将趋于下降。穿透监管、打破刚兑以及期限匹配的要求,对集合信托类业务亦有影响。特别是政策提出不得违规投向房地产领域,房地产类信托产品发行和融资规模整体将呈现下滑趋势。

(五)非标转标需求旺盛,资产证券化业务快速发展

1. 房地产ABS迎来爆发式发展

据统计,2017年房地产ABS产品发行总额约1751亿元,较2016年增长了119%,三、四季度发行量占大头,合计1225亿元,占全年发行量的七成。2018年一季度,房地产ABS发行量环比有所回落,发行总额为334.2亿元。

按底层资产类别来分,房地产ABS可以分为四类:不动产资产证券化产品、购房尾款ABS、物业费/租金收益权ABS和供应链金融ABS(见图3)。以CMBS为代表的不动产资产证券化产品对发行主体要求相对较低,审批速度快,模式成熟,容易被投资者接受,一直以来都是国内地产ABS的主流形式。

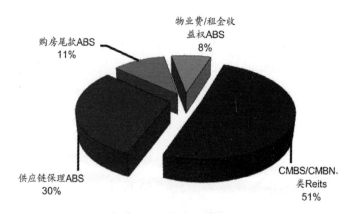

资料来源：Wind，海通证券研究所整理

图 3 房地产 ABS 发行结构（2017 年以来）

传统地产行业龙头为房地产 ABS 的主要参与方。2017 年至 2018 年一季度末，碧桂园和万科参与或发行的房地产 ABS 规模最大。

2. 房地产供应链 ABS 发行量快速增加

2017 年房地产供应链 ABS 发行了 458.7 亿元，占房地产 ABS 发行总额的 26.2%。2018 年一季度，房地产供应链 ABS 发行额为 174.5 亿元，成为当季供应量最大的房地产 ABS 品种。

房地产债所面临的投资环境及关注要点

（一）行业整体债务风险在增加

1. 房地产行业迎来债务到期高峰

今年及未来的两到三年，存续房地产债迎来到期、回售双高峰时期。截至 5 月 20 日，今年地产债总偿还量已达 565 亿元，其中到期偿还的有 227 亿元，有 323 亿元是回售到期（行权比例约 43%）。今年年内还有 1085 亿元房地产债到期，此外还有 3165 亿元房地产债面临回售行权。

2. 行业整体债务风险增加

前些年在宽松的融资环境及持续走高的房价刺激下，房地产企业依靠大量融资快速扩张规模，债务规模一路走高。

自今年开始，不仅此前积累的债务迎来到期、回售高峰，而且房地产行业还一方面面临持续的地产调控，销售回款渐显不畅，另一方面则面临融资环境的收紧。如前文所述，一是房地产公司债在分类监管后融资量萎缩，二是今年以来影子银行监管趋严，银信合作新规、委贷新规使房地产行业供给端面临压缩，资管新规从房地产行业需求端进行规范，非标规模持续萎缩，而表内贷款又受到资本金、行业政策等制约。再融资的不畅，可能引发房地产企业流动性风险，整个行业的债务风险增加。

（二）分化加剧，个体信用违约概率或增加

从历史上看，房地产企业遭遇资金紧张的情况非常多，但真正出现信用债违约的企业并不多。原因之一是房地产企业手中握有房子，变现能力强，所以出现流动性问题以后可以折价变卖房产或者项目以获得流动性。此外，拥有充分质押物的房地产企业也更容易获得融资，或者在陷入困局后更容易找到战略投资者。

不过，伴随着全社会进入紧信用环境，企业间分化越来越明显，个别房地产企业的信用违约概率在增加。无论是从融资能力还是从经营能力上看，龙头房企都相对安全，这是因为：一是龙头房企在土地和项目储备、控盘、品牌溢价等方面具有优势，盈利抗冲击能力强；二是龙头企业融资能力相对较强，大型房企往往拥有充分的抵押物，银行给出

的授信额度比较高，另外寻求海外发债和进行资产证券化的主体也主要是龙头企业；三是地产调控政策下将出现行业洗牌，不少小型房企可能会退场，大中型房企通过兼并整合将使得行业集中度不断提高，利好大型龙头企业。

　　未来如果出现风险，其释放顺序可能是：流动性差的小型房企→风格激进的中型房企→管理不善的大中型房企。如果企业项目资产中非标准化资产的程度较高（意味着变现能力差），业务布局区域受调控政策影响大、去化难度高，或者现有资产抵押程度已经非常高，都将会影响到企业获取流动性的能力。风格激进的中型房企则容易面临杠杆率过高、债务结构不合理、债务集中到期、偿债资金安排不善等融资失控的问题。投资者对符合上述情况的房地产企业要特别予以关注，根据自身风险承受能力进行投资。

（本文原载于《债券》2018 年 6 月刊）